ISBN 978-0-483-00423-8
PIBN 10390085

1 MONTH OF
FREE
READING

at
www.ForgottenBooks.com

By purchasing this book you are eligible for one month membership to ForgottenBooks.com, giving you unlimited access to our entire collection of over 1,000,000 titles via our web site and mobile apps.

To claim your free month visit:
www.forgottenbooks.com/free390085

English
Français
Deutsche
Italiano
Español
Português

www.forgottenbooks.com

Mythology Photography **Fiction**
Fishing Christianity **Art** Cooking
Essays Buddhism Freemasonry
Medicine **Biology** Music **Ancient
Egypt** Evolution Carpentry Physics
Dance Geology **Mathematics** Fitness
Shakespeare **Folklore** Yoga Marketing
Confidence Immortality Biographies
Poetry **Psychology** Witchcraft
Electronics Chemistry History **Law**
Accounting **Philosophy** Anthropology
Alchemy Drama Quantum Mechanics
Atheism Sexual Health **Ancient History**
Entrepreneurship Languages Sport
Paleontology Needlework Islam
Metaphysics Investment Archaeology
Parenting Statistics Criminology
Motivational

CLICHY. — Impr. MAURICE LOIGNON et Cie, rue du Bac-d'Asnières, 12.

LE

CÉRÉMONIAL OFFICIEL

ou

LES HONNEURS, LES PRÉSÉANCES ET RANGS

CIVILS, MILITAIRES, MARITIMES ET DIPLOMATIQUES

OBSERVÉES

DANS LES CÉRÉMONIES PUBLIQUES ET A LA COUR

D'APRÈS LA LÉGISLATION ET LA JURISPRUDENCE

ou les usages établis

PARIS

LIBRAIRIE ADMINISTRATIVE DE PAUL DUPONT

45, RUE DE GRENELLE-SAINT-HONORÉ

—

1865

Бр 9919.11

LE
CÉRÉMONIAL OFFICIEL

LÉGISLATION ET JURISPRUDENCE
EN VIGUEUR.

An XII, 24 messidor (13 juillet 1804). Décret relatif aux cérémonies publiques, préséances, honneurs civils et militaires. (Bull. 10, n° 110, *Mon.* 5 thermidor.—Voir appendice, n° 1.)

An XIII, 5 brumaire. Avis du Conseil d'État relatif au rang que doivent occuper, dans les cérémonies publiques, les Généraux de division et de brigade, et les autres Officiers d'artillerie et du génie employés dans les divisions et les **places.**

An XIII, 6 frimaire. Décret relatif aux honneurs militaires dans les ports et arsenaux de marine. — Le dernier article de ce décret rend applicable au service de la marine et des colonies les dispositions du décret de messidor qui sont compatibles avec ce service.

1807, 12 août. Avis du Conseil d'État sur le rang que les Préfets maritimes doivent avoir dans les cérémonies. (Dans le lieu de la résidence, après les Généraux de division, mais avant les Préfets.)

1807, 16-26 septembre. Loi relative à l'organisation de la Cour des comptes, — prend rang immédiatement après la Cour de cassation.

1807, 2 octobre. Décret portant que les magistrats en retraite continuent d'assister aux cérémonies publiques.

1808, Décret du 17 mai, titre IV. Ordre établi entre les différents membres de l'Université.

1809, 25 février. Décret concernant les discours ou adresses faits au nom d'un corps de l'État.

1809, 11 avril. Décret concernant la place des membres de la Légion d'honneur, dans les cérémonies publiques civiles et religieuses. (Bull. 233, n° 4305.)

1809, 30 décembre. — Art. 4, 13, 21. Décret concernant les fabriques des églises ; place du Curé dans l'église et dans le sein du conseil de fabrique.

1811, 27 février. Décret sur le logement et les honneurs dus aux Présidents des Cours d'assises.

1811, 26 mars. Décret sur la sépulture des Cardinaux.

1811, 1er juin. Décret qui fixe le rang des Auditeurs au Conseil d'État, des Secrétaires généraux dans les cérémonies publiques. (Bull. 372, n° 6857.)

1811, 1er juin. Avis du Conseil d'État relatif au rang que doivent prendre, dans les cérémonies publiques, les membres des Cours impériales délégués pour la tenue des assises. (Bull. 372, n° 6855.)

1811, Décret du 5 novembre. (Art. 165 et 167.) Rang des Recteurs et des Corps académiques.

1812, Décret du 4 mai. Forme de la citation des Préfets assignés en justice.

1814, 23 janvier. Avis du Conseil d'État sur une question relative aux convocations pour les cérémonies publiques (Bull. 555, n° 10069. Voir appendice, n° 1 bis.)

1815, 17-21 février. Ordonnance d'après laquelle le Conscil de l'Instruction publique est placé, dans les cérémonies publiques, immédiatement après la Cour des comptes.

1816, 10-19 juillet. Ordonnance portant qu'à l'avenir aucun corps civil ou militaire ne pourra décerner d'honneurs comme témoignage de la reconnaissance publique sans l'autorisation préalable du Roi.

1816, 23 août. Circulaire du ministre de la justice, qui dispense les corps judiciaires de se rendre chez la personne qui a le premier rang.

1820, 1er novembre-21 décembre. Règlement sur les entrées dans le palais du Roi.

1828, 17 décembre. Ordonnance sur le service des Postes.

1836, 1er juillet. Circulaire du Ministre de l'Intérieur. Les Préfets doivent faire la première visite aux Lieutenants généraux inspecteurs d'armes, et recevoir celle des Maréchaux de camp, remplissant les mêmes fonctions. (Voir appendice, n° 5.)

1838, Ordonnance du 1er janvier. Rang des Inspecteurs et Sous-Inspecteurs de l'Instruction primaire, parmi les fonctionnaires de l'Instruction publique.

1841, 16 octobre. Circulaire du Ministre de la Justice relative à la préséance de l'État-major de la subdivision sur le Tribunal. (Voir appendice, n° 6.)

1847, 24 août. Circulaire du Ministre de l'Intérieur. Les autorités militaires et administratives doivent se réunir, lors de la célébration des cérémonies publiques, chez le fonctionnaire qui a la préséance, et se rendre de là, en cortége, au lieu de la cérémonie. (Voir appendice, n° 7.)

1849, Décret du 5 juin. Dans les cérémonies publiques en Algérie, les Commandants des divisions prennent rang, quel que soit leur grade, avant les Préfets; les Commandants des subdivisions, avant les Sous-Préfets.

1850, Décret du 7 octobre. Rang des fonctionnaires de l'Intendance militaire.

1851, 15 août. Décret sur le service à bord des bâtiments de la flotte. Titre XIII, art. 710 à 777.

1852, 11 janvier. Décret sur la garde nationale.

1852, 16 mai. Décret organique de la Légion d'honneur. (Voir appendice, nº 2.)

1852. Décret des 19-29 avril. Préséances entre les différents corps de l'État.

1852, 17 novembre. Décret qui fixe le costume des fonctionnaires et agents du Ministère des Finances et des administrations qui en dépendent.

1854, 1er mars-11 avril. Décret réglementaire sur la gendarmerie.— Rang de la gendarmerie.—Honneurs à rendre par elle.

1856, Décret du 11 août. Honneurs à rendre par la flotte à l'Empereur, à l'Impératrice, aux Princes.

1857, 17 juin. Règlement relatif aux honneurs et préséances de la garde impériale.

1858, 8 mars. Circulaire du Ministre de l'Intérieur. Honneurs civils à rendre par les autorités administratives aux Maréchaux chargés des commandements supérieurs.

1858, 4 août. Rangs et préséances. Avis du Conseil d'Etat sur deux questions relatives à l'exécution du décret du 24 messidor an XII. (Voir appendice, nº 8.)

1859, 17 février. Honneurs et préséances. Circulaire du Ministre de l'Intérieur relative aux dispositions à prendre à l'égard des consuls étrangers. (Voir appendice, nº 9.)

1859, 6 juillet. Cérémonies publiques. Circulaire du Ministre de l'Intérieur relative aux dispositions à prendre en ce qui concerne les sénateurs, les députés et les Conseillers d'État. (Voir appendice, nº 10.)

1859, 23 novembre. Circulaire du Ministre de l'Intérieur portant notification d'un avis rendu par le Conseil d'État au sujet de la place d'une autorité absente. (Voir appendice, n° 11.)

1860, 24 mars. Décision impériale relative à la préséance et au rang des membres du Conseil privé.

1862. Bulletin officiel du Ministre de l'Intérieur, p. 489, n° 59. Décision ministérielle au sujet des difficultés relative à la place réservée dans les églises aux maires et adjoints. (Voir - appendice, n° 12.)

1863, 13 octobre. Décret portant règlement sur le Service dans les places de guerre et les villes de garnison. Titre VII, Des préséances et des honneurs militaires dans les armées de terre et de mer.

1864, mai. Circulaire du Ministre de la Guerre aux maréchaux commandant un corps d'armée, relative aux visites des magistrats.

BIBLIOGRAPHIE.

Journal du Palais. Répertoire général, tomes VIII et X, *verbo* Honneurs et Préséances.

Répertoire méthodique et alphabétique de Législation, de Doctrine et de Jurisprudence, par M. Dalloz, tom. XXXVI, *verbo* Préséances.

Dictionnaire de l'Administration française, par Maurice Block, *verbis* Honneurs, Préséances.

Dictionnaire général d'Administration, publié sous la direction de M. A. Blanche. Paris, Imprimerie et librairie administratives Paul Dupont, 1860. *Verbis* Honneurs, Rangs et Préséances.

Code des Préséances et Honneurs, par M. G. Toussaint. 1 vol. in-8º, Paris, chez Dumaine, 1845— Cet ouvrage est le plus complet, le mieux composé de tous ceux qui ont paru sur la matière ; nous lui avons fait plusieurs emprunts, notamment pour la partie relative au cérémonial diplomatique.

Décret impérial relatif aux Cérémonies publiques, Préséances, Honneurs civils et militaires, édicté au Palais de Saint-Cloud, le 24 messidor an XII, in-18. Metz, Verronais ; Paris, Dumaine, 1849.

Honneurs et Préséances. Recueil de toutes les dispositions législatives réglementaires qui déterminent les rangs et séances des diverses autorités dans les cérémonies publiques et fixent les Honneurs à rendre, par B. In-18, Paris, Blot, 1852.

Recueil des dispositions relatives aux Honneurs et Préséances militaires qui ont modifié le Décret Impérial du 24 messidor an XII, sur les Cérémonies publiques, Préséances, Honneurs civils et militaires, par Al. Garrel. In-18, Paris, Dumaine, 1861.

LE CÉRÉMONIAL OFFICIEL

La hiérarchie est la base de toute organisation sociale, politique et administrative ; l'étiquette ou le cérémonial est la forme, l'expression de la hiérarchie officielle. L'étiquette a sa raison d'être au point de vue spéculatif, car elle rappelle la dignité de l'autorité à ceux qui l'exercent comme à ceux qui lui obéissent. Au point de vue pratique, la classification hiérarchique des corps constitués et des autorités empêche la confusion et assure le maintien du bon ordre dans les cérémonies publiques. M. de Breteuil disait, en parlant de l'étiquette, qu'on pourrait en faire une science symbolique qui parlerait aux sens, à la raison et à l'imagination.

Qui ne sait que de tous temps les questions d'étiquette ont passionné les hommes ? L'histoire des grands corps de l'État est remplie de violents conflits provoqués par les préséances, et ces incidents devenaient parfois tellement graves, que le cours de la justice était entravé et la vie publique comme suspendue.

Dès l'origine de la monarchie, le cérémonial avait ses principes et ses règles. L'édit d'avril 1557, rendu par Henri II, est le plus ancien document sur la matière qui nous soit parvenu. Louis XIV fit une refonte générale de la législation antérieure et arrêta définitivement l'ordre des préséances dans un édit d'avril 1695.

Sous l'ancien régime la nation entière était répartie en trois catégories de sujets qui formaient les trois ordres de l'État : clergé, noblesse et tiers. Il est à remarquer que le droit de préséance de la noblesse sur la bourgeoisie n'était pas absolu et que les officiers de justice qui appartenaient ordinairement à la roture avaient le pas, dans leur ressort, sur les gentilshommes de race.

Domat, après avoir assigné le premier rang au clergé, divisait les laïques en huit ordres, savoir :

1° Les militaires ;

2° Les ministres et ceux que le prince honore d'une place dans son conseil ;

3° Les magistrats et les officiers faisant partie de l'administration de la justice ;

4° Les officiers des finances ;

5° Les personnes professant les sciences et les arts libéraux ;

6° Les commerçants ;

7° Les ouvriers et les artisans ;

8° Enfin les cultivateurs, les bergers et les pâtres. — Il ajoutait comme correctif à l'égard de ces derniers que, par l'importance et la nécessité de leurs travaux si précieux à la société, ils devraient être les premiers, si leur ignorance et leur grossièreté ne les mettaient au-dessous des autres hommes.

De nos jours où l'esprit public professe le culte de l'égalité, il paraît de mode de témoigner un certain dédain pour tout ce qui est distinction apparente; nous imitons en cela les Anglais et les Américains, qui arrivent naturellement à cette conséquence par suite des principes les plus contraires; le démocrate américain craindra de froisser les susceptibilités du plus grand nombre, le gentilhomme anglais dédaignera de se produire devant la multitude. Mais en France, où nous ne sommes plus aristocrates et ne sommes pas encore démocrates, ce dédain des distinctions est plus apparent que réel, et tel qui affecte l'indifférence la plus complète lorsque ses intérêts d'amour-propre ne sont pas en jeu, déploiera, pour les défendre, les moyens les plus énergiques et fera valoir les raisons les plus subtiles.

Les principes qui règlent l'étiquette, c'est-à-dire les honneurs, rangs et préséances, sont peu connus; cette ignorance est souvent la cause première de difficultés qui se développent et s'enveniment d'autant plus facilement qu'elles ont pour point de départ la vanité blessée, ou un sentiment respectable, mais très-ombrageux et très-tenace, qui n'est autre que l'esprit de corps.

La législation presque toute réglementaire et la jurisprudence qui concernent cette matière sont l'une et l'autre très-confuses, très-incomplètes. Le règlement organique du 24 messidor an XII n'est plus en rapport avec la hiérarchie actuelle : il comprend des autorités et des corps qui ont disparu, et ne fait nécessairement aucune mention de ceux qui les ont remplacés, il laisse complétement dans l'oubli l'armée de mer. On ne se rend pas compte, entre autres dispositions, de l'isolement établi par le décret entre le chef des compagnies et leurs membres, ni de la préséance de certaines fonctions sur des corps dont elles relèvent. Le besoin de remanier cette législation est notoire ; la question a été mise, à différentes reprises, à l'ordre du jour, mais une réforme radicale eût fait surgir de telles difficultés que la solution a toujours été ajournée, si ce n'est écartée définitivement. La loi est insuffisante, anormale, mais elle existe, elle est consacrée par l'usage, et par suite elle est plus volontiers obéie qu'une loi nouvelle plus complète et plus logique.

Néanmoins on a tenté une réforme partielle en ce qui concerne l'armée, où le devoir hiérarchique est si absolu, les rangs si nettement définis, et le décret sur le service dans les places de guerre et de garnison comprend sous le titre VII un code complet des honneurs et des préséances, au point de vue exclusivement militaire.

Le ministre de la guerre donnait ainsi la raison d'être de cette nouvelle législation dans le rapport qui précède le décret de 1863 : « Le décret du 24 messidor an XII « n'a pas échappé à l'action du temps ; il n'est pas appli- « cable à toutes les circonstances qui découlent du per- « fectionnement actuel des services publics et des règles « particulières à chaque hiérarchie : aussi les gouverne- « ments qui se sont succédé ont-il cherché à faciliter « l'application du décret par des actes complémentaires

« dont l'ensemble forme, avec lui, la règle des honneurs
« et des préséances.

« Quant aux difficultés qui peuvent surgir lorsqu'il y
« a lieu de déterminer le rang des fonctionnaires civils
« et militaires entre eux, ajoute le ministre, le décret
« du 24 messidor peut toujours les résoudre, et quelles
« que soient les interprétations qui lui aient été données,
« suivant les circonstances, il contient dans son texte,
« comme dans la haute pensée de hiérarchie qui l'a dicté,
« la solution de toutes les contestations. »

Le décret du 15 août 1851 sur le service à bord des
bâtiments de la flotte règle la même matière en ce qui
concerne l'armée de mer.

Au point de vue militaire, comme au point de vue civil,
il importe de remonter aux principes et de connaître la
législation antérieure au décret de 1863; pour faciliter
cette étude, nous résumerons ci-après, aussi clairement
que possible, les dispositions légales qui régissent les
honneurs, préséances et rangs, à l'égard des repré
sentants de l'autorité civile, militaire, maritime et diplomatique, des différents corps et administrations.

CÉRÉMONIES PUBLIQUES.

Le Sénat, le Corps législatif, le Conseil d'État, la Cour de cassation, la Cour des comptes, et dans les villes où l'Empereur est présent, les divers Corps administratifs et judiciaires n'ont rang et séance qu'aux cérémonies publiques où l'Empereur les a spécialement convoqués.

Le droit d'assistance aux cérémonies publiques est permanent pour les autres autorités et corps dénommés dans le décret de messidor.

Convocation aux cérémonies publiques religieuses.

Les cérémonies publiques sont religieuses ou civiles ; cette distinction essentielle fixe le droit de convocation aux cérémonies.

Lorsqu'il s'agit de cérémonies publiques religieuses, les ordres sont adressés par l'Empereur aux Évêques qui les transmettent aux Curés et Desservants.

Les Évêques, Curés et Desservants doivent s'entendre avec les fonctionnaires auxquels la préséance est due. pour convenir du jour et de l'heure de la cérémonie.

Dans le cas où l'Évêque tient le premier rang, il convoque chez lui, par écrit, les fonctionnaires placés après lui dans l'ordre des préséances, dont le concours sera nécessaire pour l'exécution des ordres de l'Empereur.

L'Archevêque doit se concerter avec le Général de

division et le premier Président de la Cour Impériale; l'Évêque fait en outre la même démarche auprès du Préfet et du Général de brigade en l'absence du Général de division.

L'autorité ecclésiastique adresse les invitations aux autorités et aux corps dans la personne de leurs chefs.

Convocation aux cérémonies publiques civiles.

S'il s'agit de cérémonies publiques civiles, les ordres de l'Empereur sont adressés aux Préfets.

Le conseil d'État a décidé que le droit de préséance n'emporte pas le droit de convocation, et que c'est aux Préfets, Sous-Préfets et Maires qu'il appartient de faire les convocations relatives aux fêtes civiles, à la charge de se concerter avec les fonctionnaires désignés avant eux dans l'ordre des préséances et d'inviter par écrit les autres fonctionnaires. (Voir appendice, n° 1.)

Les autorités et les chefs de corps convoqués par le Préfet convoquent à leur tour les fonctionnaires et employés placés sous leurs ordres.

Les Sous-Préfets et Maires procèdent de la même manière que les Préfets dans leurs circonscriptions administratives.

Lieu de réunion.

Les autorités appelées aux cérémonies publiques se réunissent chez la personne qui doit occuper le premier rang.

Une décision du 23 août 1816, prise de concert par le

Garde des sceaux et le **Ministre** de l'Intérieur, dispense les corps judiciaires de se rendre chez l'autorité qui doit avoir le premier rang, et les autorise à se rendre directement de la manière qui leur paraîtra la plus convenable au lieu de la cérémonie ; en conséquence, la convocation aux corps judiciaires doit plutôt affecter la forme d'un avertissement que d'une invitation . La décision relative à la magistrature a été appliquée pendant un certain temps aux fonctionnaires, mais une circulaire du Ministre de l'Intérieur du 24 août 1847, un avis du conseil d'État du 4 août 1858, revenant à la saine application des principes, portent que les autorités militaires et administratives doivent, aux termes du décret du 24 messidor an VII, se réunir lors de la célébration des cérémonies publiques chez le fonctionnaire qui a la préséance, se rendre de là en cortége au lieu de la cérémonie. (Voir appendice, n° 7.)

Dans les villes, chefs-lieux de Cours Impériales, les fonctionnaires militaires appelés à assister aux cérémonies publiques doivent-ils, en l'absence ou à défaut du général de brigade, se réunir chez le premier président?

En principe, les obligations entre fonctionnaires de divers ordres doivent être réciproques ; or, il n'en serait plus ainsi, si l'autorité judiciaire demeurait libre ou de réclamer l'exécution de l'article 7 du décret du 24 messidor, ou de s'y soustraire, suivant qu'elle aurait ou n'aurait pas le premier rang dans la localité.

M. le Garde des sceaux est par suite tombé d'accord avec le ministre de la guerre, que du moment où la magistrature a été dispensée de se rendre chez la personne ayant le premier rang, elle a par cela même perdu tout droit à cette marque de déférence de la part des autres autorités placées après elle dans l'ordre des préséances. (Circulaire du ministre de la guerre du 20 août 1858.)

Ordre de marche.

Les Autorités, les Fonctionnaires et les Corps dénommés dans les préséances se rendent du lieu de réunion au lieu de la cérémonie en observant l'ordre où ils sont classés, les autorités et fonctionnaires ayant rang individuel précédant les corps.

La première ligne du cortége se compose de trois personnes au milieu desquelles figure la personne à qui la préséance est due, ayant à sa droite celle du second rang, et à sa gauche celle du troisième. Ces trois personnes forment la première ligne du cortége ; les trois personnes suivantes placées dans le même ordre forment la deuxième ligne et ainsi de suite.

Si le cortége marche par lignes de deux personnes, la personne ayant droit au premier rang marchera à droite, ayant à sa gauche celle du second rang. Lorsque le cortége se compose de personnes marchant les unes à la suite des autres, la personne la plus distinguée peut être la première ou la dernière, d'après la nature de la cérémonie ou les circonstances ; la personne qui la suit, dans le premier cas, celle qui la précède dans le second, a la seconde place. L'ordre des places se règle encore de la manière suivante, d'après le nombre des personnes qui vont à la file : s'il y a deux personnes, la

place de devant est la première ; s'il y en a trois, la place
de devant est la deuxième ; celle du milieu la première,
celle de derrière la troisième ; s'il y en a quatre, la quatrième se place devant la deuxième.

Dans le cas où l'ordre de la marche est établi par
lignes de plusieurs personnes marchant de front, l'une
des deux extrémités de chaque ligne peut être la première
place, celle qui suit immédiatement est alors la seconde,
et ainsi de suite ; s'il y a quatre personnes, la quatrième
place est à l'extrémité de gauche à côté de la troisième,
s'il y en a cinq, la quatrième est à l'extrémité de droite,
la cinquième est à l'extrémité de gauche.

Places.

Les Princes et les membres des autorités nationales,
c'est-à-dire des autorités qui représentent l'État avec un
caractère général (Ministres, Conseillers d'État, etc.), les
personnes assimilées aux membres des autorités nationales (Cardinaux, Grands Officiers de la Légion d'honneur)
doivent être placés au centre du local où a lieu la cérémonie soit religieuse, soit civile ; les princes et les
grands dignitaires ont droit à un prie-Dieu avec tapis et
carreau. En leur absence le centre est réservé. Le général commandant la division, le 1er président de la cour
impériale, l'archevêque sont placés à droite ; le préfet, le
président de la cour d'assises, le général de brigade commandant la subdivision sont placés à gauche, le reste du
cortége en arrière suivant l'ordre des préséances.

Dans les cérémonies religieuses, lorsqu'il y a impossibilité de placer dans le chœur la totalité des membres des corps invités; ces membres sont placés dans la nef et dans un ordre analogue à celui des chefs de corps. Néanmoins l'autorité religieuse, d'accord avec l'autorité civile et militaire, doit réserver le plus de stalles qu'il est possible; elles sont destinées de préférence aux Présidents, Procureurs impériaux des cours ou tribunaux, aux principaux officiers de l'État-major de la division et de la place, à l'Officier supérieur de gendarmerie, au doyen et aux membres du Conseil de préfecture.

Lorsqu'un corps ou un des fonctionnaires dénommés aux préséances in ite dans le local destiné à l'exercice de ses fonctions d'au res corps ou d'autres fonctionnaires publics pour y ass s er à une cérémonie, le corps où le fonctionnaire qui f it l'invitation y conservera sa place ordinaire et les fonctionnaires invités gardent entre eux les rangs qui leur sont assignés par les préséances. (Voir appendice, n° 9.)

Lorsque l'absence d'un des fonctionnaires ayant un rang individuel est certaine, sa place doit toujours être occupée par celui qui vient immédiatement après dans l'ordre hiérarchique. (Voir appendice, n° 10.)

Des places d'honneur doivent être réservées dans toutes les cérémonies publiques aux Sénateurs, Députés et Conseillers d'État qui se présenteraient revêtus de leurs costumes. Ils doivent recevoir des invitations spéciales.

Lorsque le Corps consulaire en fait la demande, on doit lui assigner, dans le cortége des autorités, une place exceptionelle qui est déterminée par une juste appréciation des convenances locales. (Voir appendice, n° 11.)

A l'église, la place d'honneur est à droite, en entrant au chœur par la porte de la nef, car bien que l'autel soit considéré comme le centre, ce n'est pas à sa
droite qu'est la place d'honneur, ce qui a fait dire : « à
l'Église, main gauche prévaut. »

L'article 47 de la loi du 18 germinal dispose, en termes généraux, qu'il doit y avoir dans les cathédrales et
paroisses une place distinguée pour les individus catholiques qui remplissent les fonctions civiles et militaires. Mais d'après les explications fournies par M. le
Ministre des cultes, à qui la question a été soumise
comme rentrant plus particulièrement dans ses attributions, le législateur n'a entendu accorder aux autorités
une place distinguée dans les églises que pour les cérémonies à la fois religieuses et civiles auxquelles elles
sont officiellement invitées, conformément au décret du
24 messidor an XII sur les préséances. D'où il suit qu'en
dehors de ces solennités, le Maire et les Adjoints ne seraient pas fondés à réclamer une place distinguée, si ce
n'est dans le cas prévu par l'art. 21 du décret du 30 décembre 1809, c'est-à-dire en qualité de membre de droit
ou par élection du conseil de fabrique. (Voir app., n° 12.)

L'article 21 du décret du 30 décembre 1809 porte que
tous les Membres du conseil dont le Maire ou un Adjoint délégué du maire est membre de droit, doivent avoir
une place dans le banc d'œuvre.

Dans les cérémonies religieuses qui ont lieu dans une
église appartenant à deux ou plusieurs communes, le
Maire et le Conseil municipal de la commune où est
située l'église doivent avoir la préséance.

Le Curé a la première place dans son église ; il ne la cède, après l'Évêque, qu'aux Vicaires généraux, Archiprêtres ou Archidiacres qui ont juridiction, et à titre d'honneur à d'autres Prêtres ses invités.

Dans les cérémonies publiques où paraît l'Empereur, le trône forme le centre, les places les plus rapprochées sont occupées par les Princes de la famille impériale et les grands Officiers.

En marche, la place d'honneur est en tête des corps à droite ou au milieu du premier rang, selon que deux ou trois personnes marchent de front.

A table, la place d'honneur est au centre, vis-à-vis de l'entrée de l'appartement ; la deuxième place en face de la place d'honneur ; la troisième et quatrième à droite et à gauche de la première ; la cinquième et la sixième à droite et à gauche de la deuxième, etc. Si la table est disposée en fer à cheval, la place d'honneur est la même et les convives sont placés alternativement dans l'ordre des préséances à droite et· à gauche de la place d'honneur.

· La *main d'honneur* consiste, pour la personne la plus élevée en dignité, à être assis, à marcher ou rester debout dans les entrevues, visites, conférences ou assemblées, à la droite de la personne qui vient immédiatement après elle dans l'ordre des préséances.

· Celui qui est nommé le premier dans le préambule ou dans le corps d'un écrit a la première place ; celui qui est nommé immédiatement après, a la seconde, et ainsi de suite. L'ordre des rangs dans les signatures diffère suivant qu'elles sont rangées dans une ou deux colonnes ; dans le premier cas, la personne qui a le premier rang, signe à la place supérieure de la colonne de droite (à gauche du lecteur) ; la même place de la colonne de gauche, à la même hauteur que celle de droite, est la seconde ; celle qui suit dans la colonne de droite est la troisième ; celle de la gauche, la quatrième, et ainsi alternent les signatures. (TOUSSAINT, *Code des préséances.*)

Ordre de la Cérémonie.

La cérémonie ne commence que lorsque l'autorité qui doit occuper la première place a pris séance. Cette autorité se retire la première.

Les fonctionnaires, ayant préséance individuelle, quittent d'abord leurs places, suivant leur ordre de préséance, puis viennent les corps dans l'ordre établi. (Voir appendice, n° 8.)

Il n'y a pas de cortége à former pour reconduire à son domicile la personne ayant occupé le premier rang. (Voir appendice, n° 8.)

L'établissement et le maintien des rangs appartiennent à la personne chargée de diriger la cérémonie. En cas de conflit, il convient de réserver la question et de la porter devant le Ministre. En cas de contravention à la loi, le Procureur impérial dresse procès-verbal, sans aucun éclat, et le transmet au chef du parquet du ressort. (Décision du garde des sceaux 14 décembre 1824.)

D'après une décision du 14 août 1828, lorsque les magistrats n'obtiennent pas, dans une cérémonie publique, le rang que leur assignent les règlements, le plus convenable pour eux est de se retirer sur-le-champ, après avoir adressé leurs réclamations au fonctionnaire chargé de la cérémonie, et, s'il n'y a pas fait droit, d'en référer à l'autorité compétente.

Dans les cérémonies religieuses, le clergé a la police de l'église, mais il n'a pas le droit de régler le rang des autorités ; il peut faire expulser ceux qui troublent l'ordre, et les autorités militaires et civiles sont tenues d'obtempérer à ses réquisitions. On ne peut introduire de troupes dans l'église, faire battre du tambour, faire jouer les musiques et modifier l'ordre de la cérémonie sans l'autorisation du Curé.

Fêtes communales, Solennités religieuses.

Dans les fêtes communales, dans les solennités religieuses non ordonnées par le Gouvernement, le Maire, ou le Curé, fait les invitations, préside et dirige la fête communale ou la solennité religieuse.

Le programme des fêtes communales doit être approuvé par le Préfet et les Sous-Préfets. Bien que l'ordre légal des préséances ne soit pas obligatoire, il est cependant admis que les autorités invitées à une cérémonie non publique doivent être placées comme pour les cérémonies officielles.

Quant à l'ordre des paroisses pour les processions, c'est à l'Évêque qu'il appartient de le régler. La paroisse cathédrale est toujours la première ; la plus ancienne doit avoir ensuite le pas sur la plus nouvelle, sans avoir égard à l'institution ou à l'âge du curé. En cas d'égalité d'inscription, la première inscrite sur le tableau de la circonscription générale approuvé en 1808, a le pas sur celles qui sont inscrites après. (Circulaire minstérielle, 8 septembre 1826.)

CÉRÉMONIAL A LA COUR.

A toutes les époques et sous tous les régimes, la demeure du souverain a été l'objet d'un cérémonial particulier qui consiste en certaines formalités que l'usage a consacrées et par lesquelles les citoyens témoignent leurs respectueuses sympathies au Représentant de la Nation. Sous Louis XIV, l'étiquette de cour prit des proportions inusitées, entra dans des détails puérils et humiliants, que cependant la flatterie des courtisans exagérait encore. L'Empereur Napoléon Ier élagua, dans ce tribut d'hommages officiels, tout ce qui était incompatible avec la dignité du citoyen et ne conserva que ce qui était utile à la majesté du trône. Pour compléter les lacunes du décret de messidor et préciser certains droits, la Restauration fit le règlement de 1820 sur les entrées dans le palais du Roi. Nous mentionnons ci-après les principales dispositions généralement observées à la cour; on reconnaîtra que ces formalités ont été mises en harmonie avec nos mœurs actuelles qui veulent le respect sans bassesse.

Le Palais impérial.

Le Palais impérial des Tuileries est distribué en :
Grand appartement de représentation ;
Appartement ordinaire de l'Empereur ;

Appartement ordinaire de l'Impératrice.

Le grand appartement de représentation se compose :

Du salon de la Paix ;

De la salle des Maréchaux ;

Du salon Blanc ;

Du salon d'Apollon ;

De la salle du Trône ;

Du salon de Louis XIV, ·

Et de la galerie de Diane.

Toutes les personnes admises aux audiences de l'Empereur, ou appelées pour une fonction, entrent dans le salon Blanc.

Tous les officiers du service d'honneur de Leurs Majestés, ceux des Maisons des Princes et Princesses de la Famille Impériale, lorsqu'ils les accompagnent, les Membres du Sénat, du Corps législatif et du Conseil d'État, les Généraux de division, les Archevêques, le Évêques, entrent de droit dans le salon d'Apollon.

Toute autre personne n'y entre que par l'ordre du Chambellan de service.

Les Princes et Princesses de la Famille Impériale, les Princes et Princesses de la Famille de l'Empereur ayant rang à la Cour, les Cardinaux, les Ministres, les Maréchaux, les Amiraux, les Grands-Officiers de la Couronne, les Grands-Croix de l'Ordre Impérial de la Légion d'honneur, les Présidents du Sénat, du Corps législatif et du Conseil d'État, et les personnes qui en reçoivent le privilége particulier de l'Empereur, entrent de droit dans la salle du Trône.

L'Empereur et l'Impératrice seuls entrent dans le salon de Louis XIV ; toute autre personne, quel que soient son rang et ses fonctions, n'y entre que lorsque Sa Majesté la fait appeler.

En règle générale, personne n'a le droit d'entrer dans la pièce où se trouvent Leurs Majestés.

Les Huissiers renvoient au Chambellan de service toutes les personnes qui se présentent pour être admises.

— L'appartement ordinaire de l'Empereur se divise en appartement d'honneur et en appartement intérieur.

L'appartement d'honneur se compose d'une salle des Gardes, d'un salon de service, d'un premier salon et d'un second salon.

Le Chambellan de service fait entrer dans le premier salon, ou dans celui que désigne Sa Majesté, les personnes admises à son audience, ou appelées pour affaires de service et travailler.

— L'appartement ordinaire de l'Impératrice se divise en appartement d'honneur et en appartement intérieur.

L'appartement d'honneur se compose d'une salle des Gardes, d'un premier salon, d'un second salon, du salon de l'Impératrice.

Les Officiers du service d'honneur de la Maison de l'Empereur et de celle de l'Impératrice entrent dans le premier salon, ainsi que toutes les personnes appelées ou admises à l'audience de Sa Majesté.

Les Princesses de la Famille Impériale, les Princesses de la Famille de l'Empereur, ayant rang à la cour, la Grande Maîtresse de la Maison de l'Impératrice, la Dame d'honneur, les Dames du palais, les Dames attachées au service d'honneur des princesses, les Dames épouses

des ministres, des maréchaux, des amiraux et des grands-
officiers de la couronne entrent de droit dans le second
salon.

Réceptions Solennelles.

L'Empereur est placé sur le trône pour recevoir le
Sénat, le Corps législatif, le Conseil d'État, la Cour de
Cassation, la Cour des Comptes, ou les députations de
ces corps, dans les occasions solennelles.

Sa Majesté s'y place aussi pour distribuer les décorations de la Légion d'honneur.

Le Grand Maître des Cérémonies prévient ces corps
et tous ceux qui doivent assister à la Cérémonie, de
l'heure à laquelle elle doit avoir lieu et du costume dans
lequel on doit y paraître.

A l'heure indiquée, le Grand Maître, après avoir pris
les ordres de Sa Majesté, fait ranger autour du trône les
Princes de la Famille Impériale, les Princes de la Famille de l'Empereur ayant rang à la cour, les Ministres,
les Maréchaux, les Amiraux, les Grands-Croix de la Légion d'honneur et les Officiers civils et militaires de la
Maison de Sa Majesté.

Il leur fait occuper les places indiquées; il fait appeler
aussi les Membres du Sénat, du Corps législatif, ou du
Conseil d'État, qui doivent assister à la cérémonie.

Lorsque Sa Majesté a pris place sur le trône, le cortége se range à droite et à gauche du trône, et l'ordre
des places est réglé ainsi qu'il suit :

A droite et à gauche, les Princes de la Famille Impé--

riale et les Princes de la Famille de l'Empereur, qui ont rang à la cour;

A la droite des Princes de droite, le Grand Aumônier, le Grand Chambellan et le Grand Veneur; derrière eux, les Chambellans et les Officiers civils de leurs services;

A leur droite, les Ministres;

A la droite des Ministres, et en équerre, les Sénateurs;

A la gauche des Princes de gauche, le Grand Maréchal du Palais et le Grand Écuyer; derrière eux, les Préfets du Palais et les Ecuyers;

A leur gauche, les Maréchaux, les Amiraux, les Grands-Croix de la Légion d'honneur, le Général commandant la garde impériale; derrière eux l'Adjudant général du palais, les Aides de camp de Sa Majesté, le Commandant des Cent-Gardes et les Officiers d'ordonnance;

A la gauche des Maréchaux, des Amiraux et des Grands-croix de la Légion d'honneur et en équerre, les Membres du Corps législatif;

En face du Trône, les Membres du Conseil d'Etat;

En avant et à gauche de la dernière marche du trône, le Grand Maître des Cérémonies.

Toutes ces personnes s'inclinent en entrant dans la salle du Trône; elles saluent ensuite l'Empereur, puis l'Impératrice, et se retirent.

Le Grand Chambellan, placé à côté de l'Empereur, à un pas de la dernière marche du Trône, les nomme à Sa Majesté.

La Grande Maîtresse, placée de même, du côté opposé, les nomme à Sa Majesté l'Impératrice.

Cérémonies religieuses à la chapelle.

L'Empereur et l'Impératrice sont au centre de la chapelle ; à la gauche de l'Impératrice, les Princesses ; à droite de l'Empereur, sont les Princes de la Famille Impériale.

Derrière l'Empereur, est le Grand Maréchal du Palais, ayant à sa droite le Grand Aumônier, et à sa gauche le Grand Chambellan.

Le Grand Aumônier a un pliant.

Derrière l'Impératrice sont le Grand Maître et la Grande Maîtresse de sa maison, et, en arrière, la Dame d'honneur et les Dames du palais de service.

Les Dames qui accompagnent les Princesses sont placées dans les travées latérales de la chapelle, du côté de l'Impératrice, ou derrière les Dames du Palais.

Derrière les Princes sont le Grand Ecuyer, le Grand Veneur, le Grand Maître des Cérémonies, le Général commandant la garde impériale et l'Adjudant général du Palais, le Ministre des Cultes à droite ; les Ministres, les Maréchaux, les Amiraux, les Grands-Croix de la Légion d'honneur, ainsi que les Officiers de la Maison de Leurs Majestés et de celles des Princes, se placent dans les tribunes latérales du côté de l'Empereur.

Levers, Entrées et Présentations.

Le lever est le moment où Sa Majesté sort de son appartement intérieur pour entrer dans son appartement d'honneur.

L'instant du lever est déterminé pour chaque saison.

Le lever a lieu dans le second salon de l'appartement ordinaire de l'Empereur : toutes les personnes qui ont droit d'y être admises se réunissent dans le premier salon ; elles composent le service de la Maison et les grandes entrées.

Le service de la Maison congédié, le Chambellan fait entrer les grandes entrées ; elles sont composées :

Des Princes de la Famille Impériale ;

Des Cardinaux ;

Des Ministres ;

Des Maréchaux et des Amiraux ;

Des Grands-croix de l'Ordre Impérial de la Légion d'honneur ;

Des Présidents des trois grands Corps de l'État ;

Du Général commandant la 1re division militaire, ou commandant l'armée ou la division dans laquelle se trouve Sa Majesté ;

De l'Archevêque de Paris, ou de l'Evêque du diocèse dans lequel se trouve Sa Majesté ;

Du Préfet du département de la Seine, ou de celui du département dans lequel se trouve Sa Majesté ;

Du Préfet de police ;

Des Officiers du service d'honneur de l'Empereur, de celui de l'Impératrice et des Princes et Princesses.

Enfin de toutes les personnes auxquelles Sa Majesté en accorde le privilége.

Les personnes qui jouissent des grandes entrées à

raison des places qu'elles occupent les perdent en quittant ces places. Une décision particulière de l'Empereur peut seule leur rendre cette faveur.

Les grandes entrées, qui ne dérivent pas de la place que l'on occupe, ne peuvent être accordées que d'après une décision écrite de Sa Majesté adressée au Grand Chambellan, qui l'inscrit sur une liste particulière.

Cette liste doit toujours être entre les mains de l'Huissier de service au salon dans lequel Sa Majesté fait son lever.

Les entrées et autres prérogatives accordées pendant les voyages ne s'étendent jamais au delà du voyage pour lequel elles ont été accordées.

Le Grand Maréchal du Palais reçoit pour cet objet les ordres de Sa Majesté, il en prévient les personnes qu'ils concernent, et les Chambellans de service pendant le voyage.

Jusqu'à ce que les grandes entrées soient congédiées, personne n'entre plus dans le premier salon.

Les dimanches après la messe, le lever a lieu dans la salle du Trône, et l'on se réunit dans les salons du grand appartement.

Ces jours-là, après que les grandes entrées ont été congédiées, Sa Majesté admet les présentations.

Les présentations sont de plusieurs espèces ; elles entrent ensemble comme les entrées.

Lorsqu'une ville, un département, ou une corporation quelconque demande à être présentée à l'Empereur, cela est considéré comme une simple présentation.

Les Chambellans en envoient la demande au Ministre

dans les attributions duquel peut se trouver la députation à présenter, en même temps qu'ils en rendent
compte à Sa Majesté.

C'est au Ministre qu'il appartient de présenter la députation, à un des levers du dimanche, à moins que Sa
Majesté ne veuille la recevoir en particulier.

Les personnes nommées à une des grandes fonctions
nationales, aux places du service d'honneur de Leurs
Majestés, de celui des Princes et Princesses, d'Ambassadeur ou Ministre dans les cours étrangères, ou aux
emplois de Général, Colonel, Président de Conseil Général, Evêque, Préfet, Maire des trente-six principales
villes, Président et Procureur impérial près les cours
impériales et Président de consistoire, ont l'honneur
d'être présentées à l'Empereur.

Ces présentations sont faites à Sa Majesté par le Chambellan de service; elles peuvent l'être par un Ministre
ou un Grand Officier de la Couronne.

On doit s'adresser au Chambellan de service afin d'obtenir l'agrément de Sa Majesté pour lui être présenté ;
le Secrétaire de la Chambre tient un registre où sont inscrites toutes les personnes présentées.

Les mêmes personnes désignées dans l'article précédent, qui arrivent à Paris, ou qui en partent pour retourner à leurs fonctions, peuvent être présentées à Sa
Majesté à leur arrivée et à leur départ. Elles en sont
prévenues par le Chambellan de service, qui les nomme
à Sa Majesté.

Les introductions des étrangers et des étrangères auprès de l'Empereur et de l'Impératrice ne peuvent avoir

lieu que lorsque le Grand Maître des Cérémonies de l'Empereur, ainsi que le Grand Maître et la Grande Maîtresse de la Maison de l'Impératrice ont pris les ordres de Leurs Majestés à cet égard.

Les étrangers sont présentés à l'Empereur au cercle diplomatique, par leurs Ambassadeurs ou Ministres, ou bien, au lever des dimanches par le Ministre des affaires étrangères; ils entrent en même temps que les personnes désignées dans les articles précédents.

Les Dames sont présentées à Sa Majesté au cercle du dimanche, qui a lieu après la Messe, dans l'appartement ordinaire de l'Empereur ou de l'Impératrice.

Les Dames étrangères peuvent aussi être présentées à Sa Majesté au cercle du dimanche; mais elles ne le sont qu'après avoir été présentées à Sa Majesté l'Impératrice.

Ces présentations sont faites à l'Empereur par la Grande Maîtresse de la maison de l'Impératrice, ou la Dame d'honneur, ou une des Dames du palais, ou des Princesses, ou par une Dame épouse d'un des Grands Officiers de la Couronne.

La Dame qui demande à être présentée s'adresse à l'une des Dames qui peuvent faire la présentation, et celle-ci, pour en obtenir la permission de l'Empereur, s'adresse au Chambellan de service.

Les Dames épouses des fonctionnaires présentés, ont le droit d'être présentées à leur tour.

Les personnages nommées à des fonctions qui leur accordent l'honneur et l'avantage d'être présentées, ainsi que leurs épouses, à Leurs Majestés, doivent l'être dans les formes ordinaires dès qu'elles ont prêté serment entre les mains de l'Empereur, et, ensuite, se faire présenter aux Princes et aux Princesses de la Famille Impériale, pour pouvoir jouir des prérogatives attachées à leur nouvelle place.

Toutes autres personnes que celles désignées peuvent demander à être présentées, et, si Sa Majesté l'agrée, elles le sont à un des levers du dimanche après la Messe.

Après les présentations, le Chambellan de service fait entrer toutes les personnes auxquelles Sa Majesté, a accordé une audience, et suivant l'ordre qu'elle a déterminé. Ces personnes entrent seules.

Les personnes qui doivent prêter serment entre les mains de Sa Majesté le prêtent à un des levers du dimanche.

Les présentations à l'Impératrice ont lieu à son lever, de la même manière que pour l'Empereur, et après les grandes entrées.

Les présentations ont lieu, chez les Princes et Princesses, de la même manière et aux jours qu'ils indiquent.

Les Ministres, les Maréchaux, les Amiraux, les Grands-Croix de l'Ordre Impérial de la Légion d'honneur, les Ambassadeurs, Ministres étrangers, les Présidents et les Membres du Sénat, du Corps législatif et du Conseil d'État sont présentés aux Princes et Princesses lorsqu'ils l'ont été à Leurs Majestés.

Lorsque les personnes désignées ci-dessus ont été présentées à Leurs Majestés pour leur départ, elles doivent éviter de se trouver dans les endroits où l'Empereur et l'Impératrice pourraient aller.

Cercles.

Le dimanche, après la Messe, il y a cercle au Palais, où sont admis :

1° Les Membres des grands corps de l'État, les fonctionnaires civils désignés ci-dessus (voir page 31), et les Sous-Préfets;

2° Les Officiers généraux de terre et de mer, et les Aides de camp qui les accompagnent, du grade de colonel ou chef de bataillon, les Colonels, les Capitaines de vaisseau, de frégate, les Majors, Chefs de bataillon ou d'escadron, les Intendants et Sous-Intendants militaires, tous en activité de service;

3° Les autres fonctionnaires civils, les officiers d'un grade inférieur, ceux réformés ou destitués, qui auraient une autorisation particulière du Chambellan de service.

Toutes ces personnes se rendent, pendant ou après la Messe, dans la galerie qui précède la chapelle, ou dans les pièces du grand appartement dans lesquelles elles peuvent entrer par leur place.

Tous les fonctionnaires, civils ou militaires, doivent être revêtus de leur grand uniforme ou costume lorsqu'ils viennent au Palais.

Les militaires qui sont reçus le matin chez l'Empereur peuvent y paraître en bottes avec éperons.

Hors des réceptions et des levers, personne n'est reçu par Leurs Majestés sans avoir préalablement demandé une audience par le Grand Chambellan ou le Grand Maître et la Grande Maîtresse de la Maison de l'Impératrice.

Le Grand Chambellan est particulièrement chargé de tout ce qui concerne les cercles et les invitations aux fêtes dans les grands appartements.

Il n'y a que les personnes qui ont l'honneur d'être présentées à Leurs Majestés, et pour lesquelles il y a une décision particulière, qui puissent y être admises.

Les Dames qui composent les Maisons de l'Empereur, de l'Impératrice, et des Princes et Princesses de la Famille Impériale, et les Dames épouses des Grands-Officiers de la Couronne, sont toujours invitées.

Pour les cercles qui ont lieu dans les grands appartements, soit le matin, soit le soir, les invitations mentionnent la tenue dans laquelle on devra se présenter.

Aux cercles des grands appartements, soit le matin, soit le soir, quelque costume ou uniforme que l'on porte, les personnes qui ont la grande décoration de la Légion d'honneur doivent la porter par-dessus leur habit; les autres Officiers ou Légionnaires doivent porter la Croix de la Légion, et jamais un simple ruban ou une croix plus petite.

Les personnes invitées se réunissent dans les salons qui précèdent celui du Trône; il n'entre dans celui-ci que les Princes et Princesses, leur Dame d'honneur et leur Dame de service, les Grands-Officiers, Ministres et autres qui ont droit d'y entrer, et leurs épouses.

Si l'Empereur parcourt les salons, les personnes occupées à jouer ne se lèvent pas et n'interrompent pas leur jeu, à moins que Sa Majesté ne s'approche d'elles; alors la personne à laquelle Elle fait l'honneur d'adresser la parole doit se lever et se tenir debout tant qu'Elle lui parle.

Quand l'Impératrice a fini son jeu, Elle se rend dans les salons, où Elle est annoncée par un huissier ; tout le monde se lève.

Lorsque les bals ou concerts doivent avoir lieu dans l'appartement de l'Impératrice, les invitations sont faites par le Grand Maître et la Grande Maîtresse de sa Maison, sur une liste approuvée par Sa Majesté l'Impératrice.

S'ils doivent avoir lieu dans l'appartement de l'Empereur, elles le sont par le Grand Chambellan ou le Chambellan de service, sur une liste approuvée par Sa Majesté.

Le Chambellan de service prend les ordres de l'Empereur sur les personnes qui doivent avoir l'honneur de danser avec Sa Majesté, et invite lui-même ces personnes.

Couverts.

Au couvert ordinaire, on met un fauteuil pour l'Empereur, un pour l'Impératrice, et des chaises pour les autres personnes.

Le Préfet du Palais prend les ordres de Leurs Majestés pour faire servir et pour savoir quelles sont les personnes qui doivent s'asseoir à côté d'Elles.

Lorsqu'il y a souper, à la suite d'un cercle ou d'un jeu, on place un fauteuil pour l'Empereur, un pour l'Impératrice, et des chaises pour les Dames.

Aucun homme ne s'assied, à moins que Sa Majesté ne l'en fasse prévenir par un de ses Officiers.

PRÉSÉANCES ET RANGS.

La préséance détermine la place que les représentants de l'autorité publique, les fonctionnaires et les corps doivent occuper par rapport à leurs différents ministères et aux autres corps. Elle constitue le droit de se précéder entre fonctionnaires et corps d'ordres différents.

Le rang indique la place que les représentants de l'autorité publique doivent occuper parmi les autorités et les fonctionnaires faisant partie du même ordre, du même ministère ou du même corps.

Le décret de messidor an XII a réglé la préséance des hauts dignitaires et fonctionnaires et en second lieu la préséance des corps.

Voici la nomenclature hiérarchique de tous les représentants de la couronne ou du gouvernement ayant droit de prendre place dans l'ordre des préséances.

Dignitaires et Autorités ayant rang individuel.

1° Les Princes français. — Leurs rangs sont réglés par proximité de lignage.

La famille impériale se compose outre l'Empereur, l'Impératrice et le Prince Impérial de S. A. I. Monseigneur le prince Napoléon, S. A. I. Madame la princesse Marie-Malthide Napoléon et des Princes leurs fils Napoléon-Louis-Joseph-Jérôme-Frédéric; Napoléon-

Joseph-Jérôme.—De S. A. I. madame la princesse Mal-
thide.

Les princes et princesses de la famille civile de l'Empereur ayant rang à la Cour sont :

LL. AA. Mgr le Prince Louis-Lucien Bonaparte.

Mgr le Prince Pierre-Napoléon Bonaparte.

Mgr le Prince Lucien Murat.

Mgr le Prince Joseph Bonaparte.

Mgr le Prince Joachim Murat.

Mgr le Prince Napoléon-Charle Bonaparte.

Madame la Princesse Bacchiochi.

Madame la Princesse Lucien Murat.

Madame la Princesse Joachim Murat.

Madame la Princesse Napoléon-Charles Bonaparte.

2° Les Ambassadeurs étrangers. — Le décret n'en
fait pas mention, mais cette préséance est consacrée par
l'usage.

3° Les Grands Dignitaires de l'Empire.

Ces dignités créées sous le premier Empire (Sénatus-
consultes, 28 floréal an XII) étaient au nombre de six :

Le Grand Électeur ;

L'Archichancelier de l'Empire ;

L'Archichancelier d'Etat ;

L'Architrésorier ;

Le Connétable ;

Le Grand Amiral ;

4° Les Cardinaux ;

5° Les Ministres dont le rang n'est déterminé par
aucun document officiel :

Le Ministre d'Etat ;

Le Ministre de la Maison de l'Empereur et des Beaux Arts ;

Le Garde des Sceaux, ministre de la justice et des cules ;

Le Ministre des Affaires Etrangères ;

Le Ministre de l'Intérieur ;

Le Ministre des Finances ;

Le Ministre de la Guerre ;

Le Ministre de la Marine et des Colonies ;

Le Ministre de l'Instruction Publique ;

Le Ministre de l'Agriculture, du Commerce et des travaux publics.

6° Les Membres du Conseil Privé. (Voir appendice, n° 3.)

7° Les Grands Officiers de l'Empire qui comprennent :

Les Maréchaux ;

Les Amiraux ;

Le Grand Aumônier ;

Le Grand Maréchal du palais ,

Le Grand Chambellan ;

Le Grand Écuyer ;

Le Grand Veneur ;

Le Grand Maître des Cérémonies ;

Le Grand Chancelier de la Légion d'honneur (1).

---

(1) Ces charges, rétablies sous le premier Empire (décret impérial du 4 février 1806) étaient divisés en charges militaires et charges civiles; les premières comprenaient les maréchaux, les colonels et inspecteurs généraux de l'artillerie, du génie, des troupes à cheval et de la marine, les deuxièmes comprenaient le Grand Aumônier,

8° Les Sénateurs en mission.

9° Les Conseillers d'Etat en mission.

10° Les Préfets conseillers d'Etat. Par décison Impériale, les Gonseillers d'Etat hors sections, qui exercent des fonctions publiques dans les départements, prennent rang de Conseillers d'Etat. (Voir appendice, n° 3 *bis*.)

11° Les Grands-Croix et Grands Officiers de la Légion d'honneur. Lorsqu'ils assistent, en raison de leur grade et de leurs fonctions, à des cérémonies publiques, ils ne peuvent prendre que le rang attribué à ce grade et à ces fonctions. (Déci. min., 26 septembre 1832.)

12° Les Généraux de division suivis de deux Aides de camp.

13° Les Préfets maritimes dans le lieu de leur résidence.

14° Les Premiers Présidents de Cour impériale.

15° Les Archevêques ; les rangs se règlent entre eux d'après l'ordre de l'institution canonique. L'Archevêque ou Évêque qui est dans sa cathédrale ou une église de son diocèse, occupe sa place ordinaire qui est la première dans le chœur.

16° Les Préfets. Le Préfet est accompagné du Secrétaire général et de l'Auditeur au Conseil d'Etat.

17° Les Présidents des Cours d'Assises. Ce rang n'est accordé aux Présidents d'assises que dans les villes où

Grand Chambellan, le Grand Maréchal du Palais, le Grand Ecuyer, le Grand Veneur et le Grand Maître des Cérémonies. La Restauration maintint ces dignités qui furent supprimées à la révolution de Juillet.

elles se tiennent, et non dans le chef-lieu des Cours royales. (V. Conseil d'État, 13 oct. 1812.)

18° Les Généraux de brigade dans le département qu'ils commandent.

19° Les Évêques.

20° Les Sous-Préfets.

21° Les Présidents des Tribunaux de première instance.

22° Les Présidents des tribunaux de commerce.

23° Les Maires. Si plusieurs Maires d'un canton se trouvent réunis, le Maire du chef-lieu de canton prend la présidence. Si les Maires appartiennent à plusieurs cantons, les Maires nommés par l'Empereur marchent avant ceux nommés par le Préfet; les uns et les autres classés d'après l'importance de la population de leurs communes respectives.

Le Maire siége à la droite du Juge de paix, lorsqu'il remplit les fonctions de ministère public; à la droite du Président dans le Conseil de fabrique; après les Préfet, dans le bureau d'administration d'un collége; il préside le bureau de bienfaisance, la commission administative des hospices.

24° Les Commandants de place titulaires et les Majors généraux de la marine.

25° Les Présidents de consistoires.

Corps ayant Rang et Séance dans les Cérémonies publiques.

Les corps viennent dans l'ordre suivant :

1° Le Sénat à la tête duquel marchent le Président, puis

les Vice-Présidents, le Grand Récipiendaire et les Secrétaires ; les Sénateurs prennent rang dans l'ordre des nominations.

2° Le Corps législatif ; le Président prend rang après celui du Sénat, marchant ou siégeant à gauche quand celui-ci marche ou siège à droite. Après le Président viennent les Vice-Présidents et les Secrétaires, les Questeurs.

3° Le Conseil d'Etat ; Président, Vice-Présidents, Présidents de section, Conseillers, Maîtres des requêtes de première et de deuxième classe, Auditeurs de première et de deuxième classe.

4° La députation des Grands Officiers de l'ordre impérial de la Légion d'honneur et le Conseil de l'ordre.

5° La Cour de cassation. Le Premier Président, les Présidents de chambre, les Conseillers dans l'ordre fixé par la liste de rang ; le Procureur Général et les Membres de son parquet ; le Greffier en chef et les Greffiers. C'est le Ministre de la Justice qui adresse les invitations à la Cour de cassation, qui s'abstient de paraître aux cérémonies où elle n'est pas formellement invitée.

6° La Cour des comptes. Le Président, les Présidents de chambre, les Conseillers maîtres, les Conseillers référendaires de première et de deuxième classe ; le Procureur Général et le Greffier en chef. (Loi du 16 septembre 1807.)

7° Le Conseil impérial de l'Instruction publique. (Ord. 17 février 1815 et 1er novembre 1820.)

8° La Cour impériale. Présidents de chambre, Conseillers, Procureur Général, Avocats généraux et Substituts, Greffier en chef et Commis-Greffiers. Dans les départements la Cour impériale est le premier corps ; le Procureur Général a la préséance personnelle sur le Président de chambre, l'Avocat Général sur le Conseiller. (Décisions du garde des sceaux, 25 novembre 1828, 10 août 1829, 9 février 1830. Voir appendice, n° 4.)

L'Avocat Général, ou le Substitut que pourrait désigner le Procureur Général pour le remplacer dans le service des assises, prend rang pour ce service, avant le Procureur Impérial près le tribunal de l'arrondissement où se tiennent les assises. (Déc., 6 juillet 1810.) Les chefs de parquet fondés à réclamer une place particulière à l'église ne peuvent s'autoriser de cette distinction pour se placer avant les fonctionnaires dont la préséance est nominativement réglée par l'art. 1er. (Décis., 23 avril 1842.)

9° L'Etat-Major de la division et les Officiers généraux et supérieurs de l'artillerie et du génie attachés à la division. — Dans cet état-major sont compris et classés par grade et ancienneté de grade :

Les Généraux de division employés à tout autre titre que celui du commandement territorial ;

Les Intendants généraux inspecteurs ;

Les Généraux de brigade employés à tout autre titre que celui du commandement territorial ;

Les Officiers généraux en disponibilité, ceux du cadre de la réserve et ceux en retraite ;

Les Intendants militaires en activité ;

Les Inspecteurs du service de santé.

Les Intendants militaires en disponibilité, ceux du cadre de la réserve et ceux en retraite ;

Les Officiers supérieurs et autres des corps d'état-major attachés à la division;

Les Directeurs de l'artillerie et du génie et Officiers attachés aux commandements, inspections et directions de ces armes ;

Les Colonels et Lieutenants-Colonels de gendarmerie, chefs de légion.

10° La Cour d'assises; les Conseillers, les Présidents et Juges du tribunal de 1ʳᵉ instance faisant partie de la cour.

11° L'Etat-Major de la préfecture maritime, par assimilation au rang des Préfets maritimes. (Déc., du ministre de la marine, 13 mai 1813.) Dans les localités où il n'y a pas de Préfet, les Membres du commissariat de la marine se placent à l'État-Major subdivisionnaire après les Sous-Intendants et Adjoints. (Cir. minist. du 23 août 1855.)

12° Le Conseil de préfecture (en l'absence du Préfet le Secrétaire général et l'Auditeur au conseil marchent en tête du conseil. Le Conseiller de préfecture secrétaire général prend son rang de conseiller et le doyen prend la tête).

13° L'Etat-Major de la subdivision. (Cir. du ministre de la justice, 16 octobre 1841) sont compris et classés dans cet Etat-Major par grade et par ancienneté de grade :

Les Officiers supérieurs ou autres du corps d'Etat-Major attachés à la subdivision;

Les Sous-Intendants militaires et Adjoints à l'Intendance;

Les Officiers fonctionnaires et employés attachés aux écoles militaires spéciales et d'application ;

Le Commandant de la compagnie de gendarmerie et le Capitaine trésorier ;

Les Officiers de recrutement ;

Les Officiers et employés militaires du service de la remonte ;

Les Officiers et employés militaires du service de la justice militaire.

13° Le Tribunal de première instance ; le Vice-Président, les Juges, les Juges suppléants, le Procureur Impérial et les Subtituts ; le Greffier et le Commis-Greffier. Le tribunal est précédé des Huissiers audienciers.

14° Le corps municipal ayant en tête les Adjoints, par ordre de nomination; puis viennent les Conseils municipaux, d'après le nombre de suffrages obtenus. — Le corps municipal de Paris, qui remplit les fonctions de conseil municipal et de conseil général, .prend séance dans les cérémonies après la Cour Impériale et l'Institut et avant l'État-Major de la garde nationale. Il est précédé du Préfet de la Seine et du Préfet de Police, du Conseil de préfecture ; il est suivi des Sous-Préfets de Saint-Denis, de Sceaux et des corps municipaux de la banlieue.

.15° Le Corps de l'Académie composé du Recteur, des Inspecteurs des facultés et des Proviseurs des lycées impériaux. Une circulaire du 30 avril 1851, concertée entre le ministre de l'Intérieur et le ministre de l'Instruction publique, autorisait le Recteur, les Inspecteurs et le Conseil Académique à se rendre directement et de la manière qui leur paraîtrait le plus convenable au lieu qui aurait été désigné pour la cérémonie publique et à prendre rang immédiatement après le Conseil de Préfecture et du même côté que lui. (Voir appendice, n° 13.)

16° L'Etat-Major de la place; sont compris et classés dans cet état par grade et par ancienneté de grade :

Les Officiers de l'Etat-Major de la place ;

Les Officiers et les Employés militaires de l'artillerie et du génie attachés à la place et aux établissements de l'arme ;

Les Commandants de Lieutenance de gendarmerie ;

Les Officiers du corps des canonniers sédentaires de Lille ;

Les Officiers de la garde nationale ;

Les Officiers des sapeurs pompiers ;

Les Officiers et employés militaires des parcs des équipages militaires ;

Les Aumôniers ;

Les Médecins et Pharmaciens ;

Les Officiers d'administration ;

Les Vétérinaires ;

Las Interprètes ;

Les corps d'Officiers de troupe.

17° Le Tribunal de commerce. Les Membres du tribunal de commerce prennent rang entre eux après le Président dans l'ordre de leur élection et le nombre de suffrages obtenu.

18° Le Conseil des prudhommes. (Décret du 3 septembre 1851.)

19° Les Juges de paix prennent rang entre eux par ordre d'ancienneté de leurs fonctions.

20° Les Commissaires de police.

21° Les Légionnaires.

Fonctionnaires et Corps non compris dans l'ordre des préséances.

Il n'y a point de places légales pour les autres fonctionnaires et les autres corps ; lors des différentes cérémonies et présentations à l'Empereur, les corps et fonctionnaires résidant à Paris, non compris dans l'ordre des préséances, ont passé dans l'ordre suivant. (Voir appendice, n° 12.)

L'Institut composé de cinq Académies, l'Académie française, l'Académie des Inscriptions et belles lettres, l'Académie des Sciences, l'Académie des Beaux-Arts et l'Académie des Sciences morales et politiques, après le conseil de l'Instruction publique et avant la Cour Impériale qui précédait l'archevêque accompagné d'une partie de son clergé ;

Le Chapitre de Saint-Denis ;

Le Consistoire central des Églises réformées :

Le Consistoire de l'Église réformée de Paris ;

Le Président du Consistoire supérieur de la confession d'Augsbourg ;

Le Consistoire de la Confession d'Augsbourg de Paris ;

Le consistoire central des Israélites ;

Prenaient rang après l'Archevêque et avant les Préfets.

La Chambre de commerce;

Les Membres des Corps impériaux des Ponts et Chaussées et des Mines;

Les Fonctionnaires et Professeurs des Ecoles des Ponts et Chaussées, des Mines, Polytechnique, Spéciale Militaire;

Les Administrateurs et Professeurs du Collége de France, du Muséum d'Histoire naturelle;

Les Président et Professeurs de l'Ecole des Langues orientales vivantes;

L'Académie de Médecine;

Les Directeurs et les Membres du Conservatoire des Arts et Métiers;

Les professeurs de l'Ecole Impériale et spéciale des beaux arts;

Le Conseil de l'ordre des Avocats au Conseil d'État et à la Cour de cassation;

La Chambre des Notaires;

La Chambre des Avoués d'appel;

La Chambre des Avoués de première instance;

La Chambre syndicale des Agents de change;

La Chambre des Commissaires-priseurs;

La Chambre syndicale des Courtiers de Commerce;

Les Professeurs de l'École impériale des Beaux-Arts;

Les Directeurs généraux, Secrétaires généraux des ministères, Inspecteurs généraux et Directeurs des administrations centrales, de la Préfecture de la Seine, de la Préfecture de Police; les représentants de la Garde nationale et de l'Armée étaient placés après les Commissaires de Police.

Il serait sans doute plus légal et plus régulier de classer tout d'abord, suivant leur rang et préséance, tous les fonctionnaires et les corps dénommés dans la loi et de ne placer qu'après le dernier d'entre eux tous les autres fonctionnaires ou corps; néanmoins il a été généralement dérogé à la règle en faveur des Conseils généraux et des Chapitres Ecclésiastiques.

Les Conseils généraux sont présentés immédiatement après les Préfets, qu'ils accompagnent ou s'ils figurent dans les Corps après l'État-Major de la division; les conseils d'arrondissement après les Sous-Préfets, ou s'ils figurent dans les corps avant les Tribunaux de première instance.

Par assimilation à la préséance des Évêques, les Chapitres seraient classés après l'État-Major de la subdivision ayant à leur tête les Vicaires-Généraux.

Aucune règle n'est établie pour les autres fonctionnaires ou employés; cependant, en ce qui concerne la préséance des diverses administrations financières et le rang des fonctionnaires, agents ou employés faisant partie de ces administrations, le décret du 17 novembre 1852 qui fixe le costume des agents supérieurs du ministère des finances arrête la préséance des différentes administrations.

Préséances des Administrations financières.

1° Administration Centrale;

2° Caisse d'amortissement et des Dépôts et Consignations;

3° Inspection générale des Finances ;

4° Comptables directs du trésor ;

5° Contributions directes ;

6°·Douanes ;

7° Contributions indirectes ;

8° Enregistrement et domaines ;

9° Forêts ;

10° Postes ;

11° Monnaies ;

Les agents de ces administrations sont divisés en 7 classes ; les 3 premières classes sont représentées par des fonctionnaires ayant leur résidence à Paris.

Rangs des fonctionnaires, agents et employés des finances.

1re Classe

Secrétaire général,
Directeurs ;
Caissier payeur central ; } de l'Administration centrale.
Chefs de division ;

Directeur général de la Caisse d'amortissement ;

Directeur de l'Administration des Contributions directes.

Directeur général des Douanes ;

Directeur général des Contributions indirectes ;

Directeur de l'Enregistrement et des Domaines ;

Directeur général des Forêts ;

Directeur général des Postes ;

Président de la Commission des Monnaies ;

2ᵉ *Classe*

Inspecteurs généraux des Finances.

3ᵉ *Classe*

Sous-Directeur;
Sous-Caissier central; } de l'Administration centrale.
Sous-Payeur central;
Sous-Directeur de la Caisse d'Amortissement ;
Sous-Directeur des Contributions directes ;
Administrateurs des Douanes ;
Administrateurs des Contributions indirectes ;
Administrateurs de l'Enregistrement ;
Administrateurs des Forêts ;
Administrateurs des Postes ;
Commissaires généraux des Monnaies ;

4ᵉ *Classe*

Inspecteurs des finances de 1ʳᵉ classe ;
Receveurs généraux ;
Payeurs de département ;
Trésoriers payeurs en Algérie ;
Directeurs des Contributions directes ;
Directeurs des Douanes ;
Directeurs des Contributions indirectes ;
Régisseurs des manufactures de Tabac ;
Ingénieur-Inspecteur des bâtiments et machines du service des Tabacs ;

Directeurs de l'Enregistrement et des Domaines ;

Conservateurs des Forêts ;

Inspecteurs des Postes;

Commissaires des postes près les paquebots de la Méditerranée;

Graveur général des monnaies ;

5ᵉ *Classe.*

Inspecteurs des Finances de deuxième et troisième classe;

Receveurs particuliers:

Payeurs principaux de la Trésorerie d'Afrique;

Inspecteurs des Contributions directes;

Inspecteurs des Douanes ;

Inspecteurs des Contributions indirectes ;

Experts Inspecteurs des Tabacs;

Inspecteurs de culture des Tabacs ;

Contrôleurs de fabrication des Tabacs;

Contrôleurs de comptabilité ;

Gardes magasins des Tabacs en feuilles;

Inspecteurs de l'Enregistrement et des Domaines;

Inspecteurs des Forêts ;

Directeurs de première et de deuxième classe;

Commissaires vérificateurs des essais ;

Directeurs de la fabrication.

6ᵉ *Classe.*

Sous-Inspecteurs des finances;

Contrôleurs principaux et contrôleurs hors classe;

Sous-Inspecteurs des Douanes;

Sous-Inspecteurs des contributions Indirectes;

Sous-Inspecteurs des Tabacs;

Sous-Contrôleurs des manufactures des Tabacs;

Vérificateurs de l'Enregistrement;

Sous-Inspecteurs des Forêts;

Directeurs des Postes de troisième et de quatrième classe;

Contrôleurs essayeurs des Monnaies.

7ᵉ Classe.

Adjoints à l'Inspection des finances;

Contrôleurs ordinaires des Contributions Indirectes;

Gardes Généraux des Forêts;

Directeurs des Postes de cinquième et de sixième classe.

Tous les employés financiers de toutes les administration non soumis au costume viendraient à la suite.

Le décret du 17 novembre 1852 ayant été diversement interprêté, une circulaire, du 14 mai 1853, du Ministère des finances fait connaître aux Préfets que dans l'ordre des préséances, les Receveurs Généraux et les Payeurs doivent être placés avant tous les autres agents financiers, et qu'en ce qui concerne la classification de ces derniers entre eux, il y a lieu d'observer celle du décret du 17 novembre 1852 qui a réglé le cost umedes agents.

En l'absence de dispositions légales, il paraît convenable que les fonctionnaires correspondant directement avec leur ministre respectif, doivent précéder ceux qui ne correspondent avec le ministre que par l'intermédiaire de directeurs généraux. C'est ainsi que les fonctionnaires des administrations qui se recrutent dans des écoles spéciales doivent précéder les employés de classes égales, dont on n'exige pas des études préliminaires aussi fortes ; les fonctionnaires exerçant dans toute l'étendue d'un département ont le pas sur ceux qui n'exercent que dans un arrondissement, et ceux-ci sur les agents employés dans les communes.

Les Ingénieurs figureraient en première ligne, d'après leur ordre de présentation à la cour ; après les administrations ministérielles viendraient les différents Corps et Agents départementaux, Sociétés des Arts, d'Agriculture etc., puis l'Archiviste, l'Agent-Voyer chef et ses Agents, l'Architecte, les Employés de la Préfecture. Le cortége serait fermé par les employés de la ville où a lieu la cérémonie.

Il peut arriver que l'on se trouve en présence de fonctionnaires appartenant à des corps différents ; doit-on tenir compte de la préséance des corps, ou du rang des fonctionnaires, pour les classer entre eux? A rang analogue, on devra tenir compte de la préseance; dans le cas contraire, le rang l'emportera. Il est d'ailleurs à remarquer que dans ces appréciations parfois très-délicates, ce n'est pas l'homme qu'il faut considérer, mais la nature, l'étendue et l'importance des fonctions et que la préséance reste acquise à celui qui est investi des plus hautes attributions et qui exerce la plus grande influence; à égalité de condition, il faut encore tenir compte de l'ordre dans la Légion d'honneur, de l'anienneté, de l'âge, etc

Domat conseillait d'examiner :

1° La considération que donne au fonctionnaire la profession qu'il exerce ;

2° La dignité, l'élévation qui inspirent le respect ;

3° L'autorité qui donne le droit de commander ;

4° La nécessité qui fait qu'on ne peut se passer de la profession ;

5° L'utilité qu'en retire le public.

Néanmoins ces considérations générales ne doivent être consultées que lorsque la loi ne détermine pas la préséance ou le rang d'un individu ou d'un corps.

HONNEURS CIVILS.

¡Les honneurs sont les marques de déférence et de respect attribuées par la loi à certains corps et à certaines personnes, en raison de leurs fonctions ou de leurs dignités. .

Les honneurs peuvent être civils, militaires, maritimes, et religieux ; ils se distinguent en outre en honneurs rendus à des personnes vivantes, ou en honneurs funèbres.

Les honneurs, tant civils que militaires, qui sont rendus à ceux qui y ont droit, pendant leur vie, consistent dans les visites de corps, les prises d'armes, les postes d'honneur, les escortes, les saluts et les salves d'artillerie, les visites individuelles, dans le cérémonial à observer pour l'installation des fonctionnaires, pour l'introduction de certaines personnes dans une salle d'audience ou dans le lieu des séances d'un corps et dans la manière de recevoir à leur arrivée et de reconduire à leur sortie les princes et les hauts fonctionnaires.

Les honneurs funèbres consistent dans l'assistance aux obsèques, le port des coins du poêle, les saluts, prises d'armes, salves d'artillerie et de mousqueterie, dans le port de vêtements ou de signes de deuil.

Il n'est rendu aucuns honneurs ni civils ni militaires à aucune autorité, fonctionnaire ou militaire, dans les lieux où se trouve l'Empereur, pendant tout le temps de sa résidence et pendant les vingt-quatre heures qui précèdent son arrivée et les vingt-quatre heures qui suivent son départ. Dans la capitale, cette restriction est bornée à l'enceinte du palais qu'habite l'Empereur.

Il est défendu d'exiger ou de rendre d'autres honneurs que ceux prescrits par la loi et les règlements.

Aucun corps civil ou militaire ne peut décerner, voter ou offrir comme témoignage de la reconnaissance publique aucun don, hommage ou récompense sans l'autorisation préalable de l'Empereur.

Les honneurs sont personnels; ils ne sont dus qu'aux titulaires et ne peuvent se déléguer. Les honneurs accordés aux corps n'appartiennent pas individuellement aux membres qui les composent.

La visite est due par l'inférieur à son supérieur et à grade égal, par celui qui arrive; elle doit être faite dans les 24 heures de l'arrivée, et rendue dans les 24 heures suivantes. Elle n'est pas rendue indistinctement par tous ceux qui la reçoivent. Les règlements indiquent les cas où elle doit être rendue, et les personnes qui doivent la rendre.

Les corps font des visites ou en totalité ou en députation; l'importance de la députation varie suivant le rang de la personne qui doit être visitée, le rang du corps qui doit visiter, ou d'après les circonstances qui occasionnent la visite.

Les visites d'étiquette sont faites aux corps en la personne de leur chef. Elles sont reçues et faites en costume ou en uniforme.

Tout discours ou adresse fait au nom d'un des corps de l'État, politiques, administratifs, judiciaires, savants ou littéraires, par leur président, ne peut être prononcé qu'après avoir été préalablement soumis à l'approbation respective de chaque corps.

Les honneurs civils et militaires, sont dus à l'Empereur, l'Impératrice, le Prince Impérial, le Régent, les Princes français, les Grands Dignitaires de l'Empire, les Ministres, les Grands Officiers de l'Empire, les Sénateurs, les Conseillers d'Etat en mission, les Généraux de division, les Vice-Amiraux, les cours impériales, les Archevêques et Évêques, les Préfets, les Présidents d'assises, les Généraux de brigade, les Contre-Amiraux, les Sous-Préfets, les Commandants d'armes, les cours d'assises, les tribunaux de première instance, les tribunaux de commerce, les corps municipaux et les membres de la Légion d'honneur.

Les honneurs militaires dus à l'Empereur, à l'Impératrice, au Prince Impérial, aux Princes français, aux Cardinaux, Archevêques et Évêques, aux Ministres, ne sont rendus que sur l'ordre des ministres de la guerre ou de la marine.

Les honneurs à rendre à l'Empereur, à la Famille Impériale, aux corps constitués et aux fonctionnaires par les autorités civiles et religieuses, sont prévus et déterminés dans la deuxième partie du décret de l'an XII, les honneurs à rendre par les autorités militaires dans le décret du 13 octobre 1863.

Quant aux honneurs maritimes, le décret de l'an XIII rend applicable au service de la marine et des colonies les dispositions du décret de messidor qui sont compatibles avec ce service; après avoir réglé les honneurs spéciaux, le décret du 15 août 1851 stipule que lorsque des fonctionnaires annoncés par le ministre de la marine se rendent officiellement à bord d'un bâtiment ils reçoivent les honneurs qui auraient été préalablement déterminés à cette occasion par le ministre de la marine, en se conformant, autant que possible, aux assimilations qui résultent des prescriptions du décret de messidor; enfin le décret du 11 août 1856 ordonne les honneurs à rendre par la flotte à l'Empereur, à l'Impératrice et aux Princes.

Le texte des décrets que nous reproduisons sous la rubrique. — honneurs militaires, — honneurs maritimes, — suffira pour faire connaître la question au point de vue militaire et maritime; cette législation est trop précise et trop récente pour avoir besoin de commentaires.

Nous n'entrerons dans les développements que sur les honneurs civils et les honneurs militaires dus aux fonctionnaires ou corps civils.

L'Empereur.

Dans les voyages de l'Empereur annoncés par les ministres, le préfet vient, accompagné d'un détachement de la gendarmerie et de la garde nationale du canton, le recevoir sur la limite du département; chaque sous-préfet vient sur la limite de son arrondissement les maires sur les limites de leurs communes. Ces derniers sont accompagnés de leurs adjoints, du consei municipal et d'un détachement de la garde nationale.

A l'entrée de l'Empereur dans chaque commune, toutes les cloches sonnent. Si l'église se trouve sur son passage, le curé ou le desservant se tient sur la porte, en habits sacerdotaux avec son clergé.

Les clefs des villes lui sont présentées par les corps municipaux.

Dans les villes où l'Empereur s'arrête ou séjourne, les autorités et les fonctionnaires civils et judiciaires, compris dans l'ordre des préséances, sont avertis de l'heure à laquelle l'Empereur leur donnera audience et ils seront présentés par l'officier du palais de service.

Ils sont admis dans l'ordre des préséances. Les autres fonctionnaires ne sont pas admis, s'ils ne sont pas mandés par ordre, ou sans permission spéciale.

Lorsque l'Empereur a séjourné dans une ville, les mêmes autorités qui l'ont reçu à l'entrée se trouvent à sa sortie, pour lui rendre leurs hommages, s'il en sort le jour.

Dans les cérémonies publiques, les fonctionnaires en corps entourent l'Empereur et s'en rapprochent plus ou moins suivant l'ordre des préséances.

Dans les cérémonies religieuses, l'Empereur est reçu processionnellement avec les honneurs du dais, du fauteuil et de l'encensement.

L'Impératrice.

Les mêmes honneurs civils, à l'exception de la présentation des clefs. Les mêmes honneurs militaires.

Le Prince Impérial.

Les honneurs à rendre doivent être déterminés par décret spécial. Les mêmes honneurs militaires que ceux rendus à l'Empereur et à l'Impératrice.

Le Régent, — les Princes Français, — les Grands Dignitaires de l'Empire.

En cas de voyage annoncé par les ministres, les maires et adjoints reçoivent les Princes français à deux cent cinquante pas en avant de l'entrée du chef-lieu de la commune; si les princes doivent s'y arrêter ou y séjourner, les maires les conduisent au logement qui leur aura été destiné. Dans les villes, un détachement de la garde nationale va à leur rencontre, à deux cent cinquante pas en avant du lieu où le maire les attendra.

Dans les chefs-lieux de département ou d'arrondissement, les préfets ou sous-préfets se rendent à la porte de la ville pour les recevoir.

Ils sont complimentés par les fonctionnaires et autorités mentionnés dans l'ordre des préséances. Les cours impériales se rendent près d'eux seulement par députation composée du premier président, du procureur général et de la moitié des juges. Les autres cours et tribunaux s'y rendent en corps.

Lorsqu'ils sortent de la ville dans laquelle ils ont séjourné, les maires et adjoints se trouvent à la porte par laquelle ils doivent sortir, accompagnés d'un détachement de la garde nationale. Les grands dignitaires avaient droit aux mêmes honneurs que les Princes Français.

Les Ministres.

Les Ministres reçoivent, dans les villes, à leur passage, les mêmes honneurs que ceux indiqués précédemment sauf les exceptions suivantes :

Les maires, pour les recevoir, les attendent à la porte de la ville ; le détachement de la garde nationale va au-devant d'eux à l'entrée du faubourg, ou s'il n'y en a point, cent cinquante pas en avant de la porte.

Les cours impériales les visitent par une députation composée d'un président, du procureur général ou substitut, du quart des juges. Les autres tribunaux se rendent près d'eux par députation composée de la moitié du tribunal.

Pour le Garde des Sceaux, les députations des tribunaux sent semblables à celles déterminées pour les princes.

Les maires et adjoints vont, au moment de leur départ, prendre congé d'eux dans leur logis.

Les Grands Officiers de l'Empire.

Les Grands Officiers reçoivent les honneurs suivants :

Les maires et adjoints se trouvent à leur logis avant leur arrivée. Ils trouvent à l'entrée de la ville un détachement de la garde nationale sous les armes. Les cours impériales et les tribunaux se rendent chez eux de la même manière que chez les ministres. Les maires et adjoints vont prendre congé d'eux dans leur logis au moment de leur départ.

Les Maréchaux chargés des commandements supérieurs.

Une décision de l'Empereur (26 février 1858) règle de la manière suivante les honneurs civils à rendre par les fonctionnaires administratifs aux Maréchaux chargés des commandements supérieurs, lors de leur prise de possession.

Le maire et les adjoints du chef-lieu de département se trouvent au logis du Maréchal avant son arrivée, ainsi qu'il est prescrit pour les grands officiers de l'Empire, par décret de messidor.

Le préfet accompagné du secrétaire général et des membres du conseil de préfecture, lui fait une visite. Les cours et tribunaux lui font également visite par députations.

Lorsque le Maréchal se rend pour la première fois dans une ville de son commandement, autre que celle où il réside, les mêmes honneurs lui sont dus.

Dans les chefs-lieux d'arrondissement, le sous-préfet lui fait une visite.

Dans tous les cas, les préfets, sous-préfets, maires et adjoints doivent être en costume.

Les Sénateurs et Conseillers d'État en mission

Un détachement de la garde nationale est sous les armes à la porte de la ville; les maires et adjoints se trouvent à leur logis avant leur arrivée. Ils sont visités immédiatement après leur arrivée par toutes les autorités dénommées après eux. Les cours impériales s'y rendent par une députation composée d'un président, du procureur général et de quatre juges, les autres tribunaux par une députation composée de la moitié du tribunal. S'ils séjournent vingt-quatre heures dans une ville, ils rendent, en la personne des chefs des autorités ou corps les visites qu'ils ont reçues. Les maires et adjoints vont prendre congé d'eux au moment de leur départ.

Ils feront des visites aux personnes dénommées avant eux dans l'ordre des préséances, dès qu'ils auront reçu celles qui leur sont dues.

Les Généraux de Division.

. Les Généraux de Division commandant une armée ou un corps d'armée reçoivent dans l'étendue de leur commandement les honneurs civils attribués aux maréchaux chargés des commandements supérieurs. Les Généraux de Division commandant une division territoriale reçoivent la visite du président de la cour impériale et de toutes les autres personnes ou chefs des autorités nommés après eux ; ils rendent les visites dans les vingt-quatre heures. Ils visitent, dès le jour de leur arrivée, les personnes dénommées avant eux dans l'ordre des préséances. Ces visites sont rendues dans les vingt-quatre heures. Le général de division inspecteur d'armes, à son arrivée au chef-lieu d'un Département compris dans son arrondissement d'inspection, en donne avis au Préfet qui doit lui faire la première visite; il n'a droit qu'aux honneurs militaires. (Décision Royale du 21 juin 1835.)

Les Cours de Justice.

Les Premiers Présidents des Cours et Tribunaux reçoivent, lors de leur installation, les visites des autorités dénommées après eux et résidant dans la même ville; ces visites sont faites dans les vingt-quatre heures de leur installation et rendues dans les vingt-quatre heures suivantes. Les visites des autorités dénommées avant eux sont faites et rendues dans les mêmes délais; le corps d'officiers des troupes de terre et de mer, les officiers sans troupe, fonctionnaires et employés de la guerre et de la marine, présents dans la localité, leur doivent des visites de corps. Les magistrats reçoivent en robe les visites de corps qui leur sont faites, et rendent ces visites en habit de ville. (Voir Appendice, nº 14.)

La garde prend les armes ou monte à cheval, se forme en bataille, porte les armes; les tambours, clairons et trompettes battent ou sonnent le rappel lorsque la Cour Impériale réunie en costume officiel passe devant un poste.

Lorsque la Cour se rend à une cérémonie publique, elle est escortée de deux pelotons de cavalerie ou d'infanterie ou de deux brigades de gendarmerie, à défaut de troupe de ligne.

Les magistrats honoraires conservent leur titre, leur

rang et leurs prérogatives honorifiques; ils assistent aux cérémonies publiques et il leur est rendu tous les honneurs auxquels ont droit les titulaires en activité de leur grade. (Décr. 2 oct, 1807; 6 juillet 1810; Déc. min. 30 octobre 1819; 1er avril 1820.)

Les réceptions des magistrats des cours Impériales se font devant les cours, chambres assemblées. Le jour fixé pour l'installation, un certain nombre de magistrats, sur l'invitation du Président, se rendent vers le récipiendaire qui est à la chambre du conseil, ou au parquet, et l'introduisent dans l'auditoire ; arrivés au prétoire, en avant du bureau, les magistrats reprennent leurs places et laissent le récipiendaire seul, sur un fauteuil préparé à cet effet. Sur la réquisition du magistrat qui occupe le ministère public, il est donné lecture par le greffier de l'ordonnance de nomination ; après avoir fait prêter serment au nouveau magistrat, à moins qu'il ne soit premier président ou procureur général, ces deux magistrats prêtant serment entre les mains de l'Empereur, le président l'invite à prendre la place qui lui est destinée.

Les réceptions des juges de première instance, des procureurs impériaux et de leurs substituts sont faites devant la cour impériale à laquelle ils ressortissent, à l'audience où siége le premier président, ou à l'audience des vacations, si ces réceptions ont lieu pendant les vacances. Les magistrats des tribunaux de première instance sont ensuite installés dans leurs tribunaux avec le cérémonial qui a lieu pour les magistrats des cours, après que lecture a été faite de l'arrêt de la cour contenant ampliation de l'ordonnance de leur nomination et constatant leur prestation de serment.

Les magistrats des tribunaux de commerce sont installés par leurs prédécesseurs. Le tribunal de première instance reçoit le serment des juges de paix, de leurs suppléants, des officiers ministériels et de police judiciaire de l'arrondissement. Les juges de paix et leurs suppléants sont introduits pour la prestation de serment dans le prétoire du tribunal; les autres officiers le prêtent à la barre.

Les Cardinaux, Archevêques et Évêques.

La nomination des Cardinaux est publiée en consistoire; un envoyé apostolique leur porte la barette de la part du souverain pontife; l'Empereur la donne lui-même aux Cardinaux de sa nomination. Cette cérémonie se fait avec solennité dans la chapelle du palais où l'Empereur, assisté du ministre des cultes, présente l'insigne de sa nouvelle dignité au récipiendaire, accompagné lui-même de membres de l'épiscopat et de dignitaires ecclésiastiques. Quant au chapeau, il n'est donné que par les mains du pape.

Les Évêques prêtent serment devant l'Empereur; le vicaire général prévient dans la semaine les Évêques admis par l'Empereur à la prestation du serment; et le Maître des cérémonies en instruit, dans ses billets d'invitation, les personnes de la Cour auxquelles il est chargé d'indiquer l'heure de la Messe.

Les Évêques se rendent dans la chapelle impériale en soutane, rochet et camail.

Le vicaire général monte sur les premières marches de la tribune, immédiatement après l'Évangile, et fait l'appel de ces Évêques.

L'Évêque nommé, précédé du Maître des Cérémonies vient se mettre à genoux devant l'Empereur, et, la main droite sur le livre des Evangiles ouvert, il prononce la formule du serment.

Il est ensuite reconduit à sa place par le Maître des. Cérémonies.

Les certificats des serments de fidélité prêtés à l'Empereur par les Cardinaux, Archevêques, Evêques et autres chefs ecclésiastiques, sont délivrés par le ministre des cultes, qui est présent à cette cérémonie.

Les Archevêques et Évêques qui sont Cardinaux reçoivent, lors de leur installation, les honneurs dus aux grands officiers de l'Empire (Décret du 26 mars 1811); ceux qui ne le sont pas reçoivent les honneurs rendus aux sénateurs. Lorsqu'ils rentrent, après une absence d'un an et un jour, ils font et reçoivent des visites d'après les principes indiqués ci-dessus; ils ont droit aux visites des corps d'officiers comme les premiers présidents.

Il a été décidé que lorsqu'un Évêque, en tournée pastorale, arrive dans une commune, les autorités civiles et notamment les maires doivent lui faire une visite officielle. (Lettre du ministre des cultes, du 17 juin 1844.)

Lorsque les Cardinaux, Archevêques ou Évêques prennent possession de leur siége, ou font leur première entrée dans une des villes de leur archevêché ou évêché, les cloches de toutes les églises sonnent à leur passage, le clergé va avec toutes les bannières déployées, les chercher à la porte de la ville, ou les attendre à l'entrée de l'église. Après avoir reçu l'encens et les hommages de leur clergé, ils sont conduits sous un dais jusqu'aux marches de l'autel par les grands vicaires.

Les troupes sont en bataille sur leur passage, elles portent les armes. Les officiers supérieurs ou autres, les drapeaux et étendards ne saluent pas. Les tambours, clairons et trompettes battent et sonnent le rappel. Ils ont, le jour de leur arrivée seulement, une garde de cinquante hommes d'élite commandés par un capitaine; en tout temps, ils ont une sentinelle d'élite.

Les Archevêques ou Évêques reçoivent les mêmes honneurs le jour de la prise de possession ou première entrée ; mais ils n'ont, le jour de leur arrivée, qu'une garde, commandée par un lieutenant ou sous-lieutenant, de quarante hommes tirés des compagnies du centre pour un Archevêque, et de trente hommes pour un Évêque; en tout temps, ils ont une sentinelle tirée des compagnies du centre.

La garde prend les armes ou monte à cheval, se forme en bataille, porte les armes; les tambours, clairons et trompettes battent ou sonnent le rappel quand les Archevêques, Évêques passent en costume officiel devant un poste.

Les sentinelles leur présentent les armes.

Le jour de leur prise de possession ou de leur première entrée, les Cardinaux-Archevêques ou Évêques, les Archevêques ou Évêques ont droit à une escorte composée de deux pelotons de troupes à cheval commandés par un lieutenant ; il est tiré douze coups de canon pour les Cardinaux-Archevêques ou Évêques, cinq pour les Archevêques et Évêques.

Les Préfets.

Le Préfet arrivant pour la première fois dans le chef-lieu de son département, est reçu à la porte de la ville par le maire et les adjoints accompagnés d'un détachement de la garde nationale et d'un détachement de gendarmerie commandé par le capitaine. Cette escorte le conduit à son hôtel, où il est attendu par le conseil de préfecture et le secrétaire général qui le complimentent.

Il est visité aussitôt après son arrivée par les autorités nommées après lui ; il rend ses visites dans les vingt-quatre heures ; il reçoit aussi les fonctionnaires inférieurs qui viennent le complimenter. Le jour de sa prise de possession, le Préfet est escorté de deux brigades de gendarmerie à cheval. En outre, pendant ses tournées dans le département, le préfet peut être escorté par deux gendarmes. (Honneurs militaires. — Voir Gendarmerie.

Il fait, dans les vingt-quatre heures, une visite au général commandant la division militaire, au président de la cour impériale, qui la lui rendent dans les vingt-quatre heures suivantes ; il visite aussi les autres autorités ou personnes placées avant lui dans l'ordre des préséances. Il a droit aux visites des corps d'officiers comme le premier président de la cour impériale.

Lorsque le préfet fait sa première entrée dans le chef-lieu, ou visite la première fois une ville du département, les troupes sont en bataille sur son passage. Elles portent les armes. Les officiers supérieurs ou autres, les drapeaux et étendards ne saluent pas. Les tambours clairons et trompettes sont prêts à battre ou à sonner.

En tout temps, un poste de dix hommes tirés des compagnies du centre, commandé par un sergent, est établi à l'hôtel de la préfecture, il fournit une sentinelle.

La garde prend les armes, ou monte à cheval, porte les armes; les tambours, clairons et trompettes sont prêts à battre ou à sonner, pour le Préfet, en costume officiel, lors de son entrée en fonctions, de ses tournées dans les villes du département et lorsqu'il se rend avec son escorte à une cérémonie publique. Toutes les fois qu'il qu'il sort de la préfecture en costume officiel, sa garde lui rend les mêmes honneurs.

Les sentinelles lui présentent les armes.

Dans les cérémonies publiques, le Préfet peut avoir au chef-lieu du département une escorte d'honneur composée d'une section d'infanterie, commandée par un lieutenant ou sous-lieutenant.

Le mot d'ordre lui est porté par un sous-officier.

Lors de sa première tournée dans chaque arrondissement du département, il lui est rendu les mêmes honneurs dans les chefs-lieux d'arrondissement. Il rend les visites aux présidents des tribunaux, au maire et au commandant d'armes dans les vingt-quatre heures.

Les Préfets sont divisés en trois classes ; il doit en être tenu compte, ainsi que du titre de sénateur et de conseiller d'État, lorsqu'il s'agit d'établir un rang entre eux.

Les Présidents de Cours d'Assises.

Le Président de la cour d'assises est logé aux frais de la ville où se tiennent les assises. Le maire et les adjoints le reçoivent en haut de l'escalier de la maison qui lui est destinée et l'y installent. Il est reçu dans l'intérieur de son appartement par le tribunal en corps. Il fait visite au préfet, qui la lui rend dans les vingt-quatre heures. Le Président de la cour d'assises a droit aux visites des corps d'officiers. La visite de corps à ce magistrat ne comprend qu'un officier supérieur et un officier de chaque grade par corps, et un fonctionnaire ou employé de chaque service ; mais tous les officiers de gendarmerie doivent y prendre part. Il a en outre droit à une sentinelle tirée des compagnies du centre pendant toute la durée de la session des assises. Le jour de son entrée il est escorté par une compagnie de gendarmerie. Le mot d'ordre lui est porté par un sous-officier.

Lorsque le général de brigade commandant la subdivision est grand officier de la Légion d'honneur, le Président des assises lui doit la première visite, s'il est d'un grade inférieur dans l'ordre. (Décision ministérielle du 2 avril 1864.)

Le procureur impérial doit donner avis de l'arrivée du Président des assises, immédiatement après cette arrivée, à l'autorité militaire supérieure, afin qu'elle puisse rendre à ce magistrat la visite prescrite. (Circulaire du ministre de la Justice du 29 octobre 1825.)

Les Généraux de brigade.

Les Généraux de brigade commandant un département reçoivent, dans les vingt-quatre heures de leur arrivée, les visites des personnes nommées après eux et les rendent dans les vingt-quatre heures sui vantes. Ils visitent dans les vingt-quatre heures de leur arrivée les personnes nommées avant eux; les visites leur sont rendues dans les vingt-quatre heures suivantes.

Le Général de brigade, inspecteur d'armes, à son arrivée au chef-lieu d'un département compris dans son arrondissement d'inspection, doit la première visite au Préfet. (Décision Royale du 21 juin 1836.)

Les Sous-Préfets.

Le Sous-Préfet arrivant dans le chef-lieu de la sous-préfecture est attendu à son hôtel par le maire qui le complimente. Il reçoit la visite des chefs des autorités dénommés après lui et la rend dans les vingt-quatre heures. S'il existe dans le chef-lieu de la sous-préfecture des autorités dénommées avant lui, il leur fait dans les vingt-quatre heures une visite qui lui est rendue dans le même délai.

Les Commandants d'armes.

Le Commandant de place, à son entrée dans la ville où il commande, fait et reçoit des visites d'après les principes indiqués ci-dessus.

Les Cours d'assises, — Tribunaux de première instance, — Tribunaux de Commerce, — Corps municipaux.

La garde prend les armes ou monte à cheval, se forme en bataille, l'arme au pied ou le sabre au fourreau, les tambours, clairons ou trompettes sont prêts à battre ou à sonner lors qu'un de ces corps passe devant un poste.

Lorsque la Cour d'Assises se rend à une cérémonie publique, elle est escortée par un peloton de garde à cheval, ou, à son défaut, par un peloton de garde à pied, à défaut d'une troupe de ligne, par une brigade de gendarmerie.

Le Tribunal de première instance, le Tribunal de commerce, le corps municipal a droit d'être escorté par un demi-peloton à cheval ou une garde à pied d'un demi-peloton ; à défaut de troupe de ligne, la gendarmerie fournit une escorte d'honneur de deux gendarmes aux tribunaux de première instance.

Les Membres de la Légion d'honneur.

Les sentinelles présentent les armes aux grands-croix, aux grands officiers, aux commandeurs de la légion d'honneur; elles portent les armes aux officiers et chevaliers de la Légion d'honneur (1). Les commandants, officiers et membres de la Légion d'honneur, qui assistent aux cérémonies publiques, civiles ou religieuses, y occupent une place spéciale après les autorités constituées. (Décret du 11 août 1809.)

(1) Voir Appendice nº 2. Forme de la décoration et manière de la porter. — Mode de réception des membres de l'ordre. — Du serment.

HONNEURS MILITAIRES.

L'armée est placée sous le commandement suprême de l'Empereur. — Les ordres de l'Empereur sont transmis à l'armée par le ministre de la guerre, auquel tous les officiers généraux et autres de tous grades et tous les corps de troupe doivent obéissance, auquel ils rendent compte.

L'armée comprend :

L'état-major général qui se compose des maréchaux de France, des officiers généraux des cadres d'activité et de réserve, du corps d'état-major, de l'intendance militaire, et l'état-major des places ;

La garde impériale ;

La gendarmerie impériale ;

Le corps d'infanterie de ligne et légère ;

Le corps de cavalerie de réserve, de ligne et légère ;

L'artillerie ;

Le corps de génie militaire ;

Les troupes d'administration ;

Le corps de santé ;

Le corps d'officiers d'administration ;

Le service de la remonte général et des vétérinaires ;

Le service de la justice militaire ;

Les écoles militaires ;

L'hôtel impérial des Invalides.

Hiérarchie militaire.

La hiérarchie militaire se compose des grades ci-après, en commençant par le plus élevé.

Maréchal de France,	
Général de division,	} Officiers généraux.
Général de brigade,	
Colonel,	
Lieutenant-colonel,	
Chef de bataillon, chef d'es-	} Officiers supérieurs.
cadron ou major,	
Capitaine,	
Lieutenant,	} Officiers.
Sous-lieutenant,	
Sous-officier,	
Caporal ou brigadier.	

État-major général.

L'état-major général se compose de trois grades : maréchal de France, général de division et général de brigade ; le rang se prend dans chaque grade d'après les règles générales.

Les droits, titres et honneurs attachés aux commissions temporaires de commandant en chef et de commandant de corps d'armée, d'aile, de centre ou de réserve d'une armée, cessent avec les fonctions qui y ont donné lieu. Tout général de division commandant des divisions réunies pour faire un siége a le rang et les pouvoirs d'un commandant de corps d'armée agissant isolément.

Corps d'état-major.

Les officiers du corps d'état-major prennent le rang que leur assignent leur grade et leurs fonctions dans les états-majors des armées, des corps d'armées, et des divisions. Les officiers de ce corps, employés dans les postes et détachements, en ont le commandement à égalité de grade avec les officiers qui s'y trouvent. (Ord. du 3 mai 1832.)

Les officiers d'état-major détachés dans les corps de troupe sont classés pour le service dans les compagnies ou escadrons, ainsi que pour leur droit au commandement, avec les officiers de leur grade et suivant leur ancienneté. Les lieutenants d'état-major, investis des fonctions d'adjudant-major, ont dans ces fonctions, quelle que soit leur ancienneté de grade, le commandement sur tous les lieutenants du corps. (Décision ministérielle du 5 juillet 1844.)

Intendance militaire.

La hiérarchie du corps de l'intendance militaire est réglée ainsi qu'il suit :

Intendant général inspecteur ;
Intendant militaire ;
Sous-intendant militaire de 1re classe ;
Sous-intendant militaire de 2e classe ;
Adjoint à l'intendance militaire de 1re classe ;
Adjoint à l'intendance militaire de 2e classe.

Ces grades correspondent à ceux de la hiérarchie militaire, savoir :

Le grade d'adjoint de 2e classe, à celui de capitaine ;

Le grade d'adjoint de 1re classe, à celui de chef d'escadron ;

Le grade de sous-intendant de 2e classe, à celui de lieutenant-colonel ;

Le grade de sous-intendant de 1re classe, à celui de colonel ;

Le grade d'intendant militaire, à celui de général de brigade.

L'intendant général inspecteur a le rang immédiatement supérieur à celui d'intendant militaire, et passe, dans les mêmes conditions que les généraux de division, soit au cadre de réserve, soit à la position de retraite. (Ordonnance du 10 juin 1835 et Décret impérial du 12 juin 1856.)

État-major des places.

L'état-major des places se compose : de commandants de place, du grade de colonel, lieutenant-colonel, chef de bataillon, chef d'escadron, major ou capitaine ; de majors de place, du grade de chef de bataillon, chef d'escadron ou major ; d'adjudants de place et de secrétaire de place, du grade de capitaine, lieutenant ou sous-lieutenant ; de secrétaires archivistes ; de portiers consignes, choisis parmi les sous-officiers, et de bateliers aide-portiers, choisis parmi les caporaux, brigadiers ou maîtres bateliers pontonniers. (Ordonn. des 31 mai 1829 et 16 mars 1838 ; Décret du 13 octobre 1863.)

En cas de siége ou de circonstances extraordinaires, le commandement en chef des places de guerre peut-être conféré à des gouverneurs ou à des commandants supérieurs ; ils prennent le rang déterminé par leurs lettres de service. (Décret du 24 déc. 1811, et Ordonnance du 31 mai 1829).

Officiers de santé.

La hiérarchie des officiers de santé est réglée ainsi qu'il suit :

Médecins et pharmaciens inspecteurs.
    Idem   principaux de 1re classe.
    Idem   *idem*   de 2e classe.
Médecins et pharmaciens-majors de 1re classe.
    Idem   *idem* de 2e classe.
    Idem   aides-majors de 1re classe.
    Idem   *idem*   de 2e classe.
    Idem   sous-aides.
(*Décrets des 25 mars 1852 et 4 août 1853.*)

Les grades dans les deux sections du corps de santé militaire sont assimilés aux grades de la hiérarchie militaire ainsi qu'il suit :

Inspecteur............. Général de brigade.
Principal de 1re classe.. Colonel.
Principal de 2e classe.. Lieutenant-colonel.
Major de 1re classe..... Chef de bataillon.
Major de 2e classe...... Capitaine.
Aide-major de 1re classe. Lieutenant
Aide-major de 2e classe. Sous-lieutenant.

Cette assimilation ne porte aucune atteinte aux conditions du fonctionnement du service de santé telles qu'elles sont réglées par le décret du 23 mars 1852. (Extrait du Décret impérial du 18 juin 1860.)

Officiers d'administration.

Hôpitaux, habillement, subsistance, intendanc, justice militaire).

La hiérarchie des officiers d'administration de ces cinq sections est ainsi fixée :

Officiers d'administration principaux. (*Il n'en existe pas pour le service de la justice militaire.*)
Officiers d'administration comptables de 1re classe.
    Idem   de 2e classe.
Adjudants d'administration de 1re classe.
    Idem   de 2e classe.
(*Ordonnance du 28 février 1838. — Décrets des 9 janvier 1852,
1er novembre 1853 et 29 août 1854.*)

Vétérinaires militaires.

La hiérarchie des vétérinaires est ainsi réglée :

Vétérinaires principaux,
   Idem   en premier,
   Idem   en second.
Aides-vétérinaires.
   Idem   stagiaires.
(*Décrets des 28 janvier 1852 et 14 janvier 1860.*)

Cette hiérarchie est toute spéciale et ne comporte, ni directement, ni par assimilation, de grade militaire.

Les vétérinaires sont placés, soit dans les corps de troupe, soit dans les états-majors, immédiatement après les officiers de santé. (Décret des 28 janvier 1852 et 14 janvier 1860, *Journal militaire*, p. 68.)

Employés militaires.

(Artillerie, Génie, Équipement militaire.)

Le personnel des employés militaires de l'artillerie, du génie et des équipages militaires comprend :

Dans trois services :
Les gardes principaux,
Les gardes de 1re classe,
Les gardes de 2e classe

Les chefs ouvriers d'état,
Les sous-chefs ouvriers d'état,
Les ouvriers d'état.

Dans l'artillerie seulement :

Les maîtres artificiers,
Les chefs artificiers.
(*Décret du 28 mars 1852.*)

Drapeaux et étendards.

DRAPEAU.

Composition et marche du détachement qui ira chercher le drapeau.

Lorsque le drapeau doit sortir, l'une des compagnie d'élite à tour de rôle, ou, si elles sont détachées, une compagnie de fusilier est commandée pour l'aller chercher, et se met en marche dans l'ordre suivant :

Le tambour-major et les tambours du bataillon dont est le détachement, suivis de la musique, le détachement formé en colonne par section et portant l'arme sur l'épaule droite, le porte-drapeau entre les deux sections.

Le détachement marche dans cet ordre, sans bruit de caisse ni de musique. Arrivé au logement du commandant du régiment, il se forme en bataille, vis-à-vis la porte d'entrée ; les tambours et la musique se forment à la droite du détachement.

Aussitôt que le détachement est en bataille, le porte-drapeau, accompagné du lieutenant et d'un sergent du détachement, va prendre le drapeau.

Lorsque le porte-drapeau, suivi du lieutenant et du

sergent, sort avec le drapeau, et s'arrête devant la porte, le commandant du détachement fait présenter les armes et les tambours battent au drapeau.

Après trois ou quatre reprises, le commandant du détachement fait cesser de battre; il fait ensuite porter les armes et rompre par section; le porte-drapeau va se placer entre les deux sections, le lieutenant et le sergent reprennent leur place.

Le commandant du détachement se remet ensuite en marche, dans le même ordre que ci-dessus, pour se rendre au lieu de l'assemblée du régiment les tambours battent.

Honneurs à rendre au drapeau.

A l'arrivée du drapeau, les tambours cessent de battre, et le détachement qui a été le chercher s'arrête à vingt pas du régiment; le commandant du régiment fait présenter les armes et battre au drapeau, et se place à six pas en avant en bataille du drapeau ; le porte-drapeau se porte, au pas accéléré, à dix pas en avant du commandant du régiment et lui fait face; le commandant du régiment alors salue le drapeau : ce qui étant exécuté, le porte-drapeau prend sa place de bataille, et le régiment porte les armes.

Le détachement et les tambours vont au pas accéléré reprendre leur place de bataille en passant derrière le régiment.

Le drapeau est reconduit au logement du commandant du régiment dans l'ordre prescrit ci-dessus.

Garde du drapeau.

Dans les régiments de deux bataillons, le drapeau est placé au premier bataillon ; dans les régiments de trois bataillons, il est placé au second. Dans les autres bataillons, le drapeau est remplacé par un fanion, qui a, dans les manœuvres, la dénomination de drapeau.

Dans chaque bataillon, la garde du drapeau est composée de huit caporaux ; elle est placée à la gauche de la seconde section du quatrième peloton, et fait partie de cette section.

Il est choisi, dans chacune des compagnies du bataillon, un caporal pour faire partie de cette garde.

Le premier rang de la garde du drapeau, est composé du porte-drapeau ayant à sa droite le caporal des grenadiers, et à sa gauche celui des voltigeurs.

Les deux autres rangs sont formés chacun de trois caporaux de fusiliers.

On place de préférence au second rang de la garde du drapeau, les trois caporaux de fusiliers qui ont le plus de régularité et de précision, tant pour la position sous les armes que pour la marche.

Les caporaux de la garde du drapeau portent l'arme dans le bras droit, et ont toujours la baïonnette au canon.

Le commandant du régiment désigne dans les bataillons qui n'ont pas de drapeau, un sergent-major ou un sergent pour porter le fanion. (Ordonnance du 4 mars 1831 sur l'exercice et les manœuvres de l'infanterie.)

ÉTENDARD.

Formation de la troupe d'escorte de l'étendard

Les escadrons d'un régiment, en commençant par le premier, fournissent tour à tour l'escorte de l'étendard.

Le capitaine commandant et le capitaine en second alternent pour le commandement de cette escorte.

Elle est composée de deux pelotons.

Chaque escadron, successivement, fournit d'abord ses deux premiers pelotons et ensuite ses deux derniers.

Le premier peloton de l'escorte fournit l'avant-garde composée de deux cavaliers en avant mousqueton ou pistolet haut (selon l'arme); un brigadier et quatre cavaliers ayant le sabre à la main (ou la lance portée), marchant à dix pas des deux premiers.

Les trompettes formés par quatre, et conduits par un adjudant, marchent à dix pas des quatre cavaliers qui précèdent.

Le restant du premier peloton, le sabre à la main (ou la lance portée), ayant le lieutenant à sa tête, marche par quatre à dix pas des trompettes.

Le porte-étendard marche immédiatement après entre deux maréchaux des logis.

Le deuxième peloton, le sabre à la main (ou la lance portée), ayant à sa tête le sous-lieutenant, suit le porte-étendard, marche par quatre, et fournit l'arrière-garde, composée d'un brigadier et de deux cavaliers qui marchent le sabre à la main (ou la lance portée), à dix pas en arrière du deuxième peloton.

Deux autres cavaliers, le mousqueton ou le pistolet haut (selon l'arme), marchent à dix pas en arrière.

Le capitaine marche à quatre pas du flanc gauche, à hauteur du porte-étendard.

Le détachement, arrivé sans bruit de trompette où est l'étendard, y est formé en bataille.

L'adjudant met pied à terre, va prendre l'étendard, et le remet lui-même au porte-étendard.

Réception de l'étendard.

Dès que l'étendard paraît, le capitaine fait présenter le sabre, les trompettes sonnent à l'étendard.

Après deux reprises de cette sonnerie, le capitaine fait porter le sabre et rompre, pour se remettre en marche dans le même ordre où il est venu : les trompettes sonnent la marche.

Lorsque l'étendard arrive, le colonel fait mettre le sabre à la main : les trompettes cessent de sonner et vont prendre, ainsi que l'escorte, leur place de bataille en passant derrière le régiment.

Le porte-étendard, accompagné des deux maréchaux des logis, se dirige vers le centre du régiment, parallèlement au front, et s'arrête devant le colonel, faisant face au régiment ; le colonel fait alors présenter le sabre, et sonner à l'étendard ; il salue du sabre.

Le porte-étendard se rend ensuite à sa place de bataille, et le colonel fait porter le sabre.

Les officiers supérieurs saluent du sabre, lorsque l'étendard passe devant eux.

L'étendard reçoit à son départ les mêmes honneurs

qu'à son arrivée et il est reconduit au logement du colonel dans l'ordre prescrit ci-dessus.

A pied, l'escorte est composée de la même manière,
l'étendard reçoit les mêmes honneurs.

Garde de l'étendard.

Le porte-étendard est placé à l'avant-dernière file de
gauche du premier rang du quatrième escadron, et
compte dans le rang, entre deux maréchaux des logis.
(Ordonnance du 6 décembre 1829 sur l'exercice et les
manœuvres des troupes à cheval.)

Toutes les fois qu'un corps de troupes de toutes armes
recevra l'ordre de se rassembler en grande tenue de
service pour être passé en revue par un officier général,
il devra paraître à la revue avec ses drapeaux et étendards. (*Décision ministérielle du 8 juillet* 1835.)

Le drapeau ou l'étendard ne doit point paraître aux
revues d'effectif, à moins qu'elles ne soient passées
en présence d'un officier général. (Décision ministérielle
du 15 juin 1840, *Journal militaire*, p. 249.)

Écoles militaires.

Les Écoles militaires sont admises en même temps que
l'armée aux réceptions officielles du chef de l'État. Ces
écoles marchent à la suite des comités dans l'ordre suivant:

1° L'Ecole impériale d'état-major;

2° L'Ecole impériale polytechnique;

3° L'Ecole impériale spéciale militaire de Saint-Cyr.

Dans les cérémonies officielles autres que les réceptions faites par le chef de l'État, l'Ecole d'état-major, y

compris les élèves, se réunit à l'état-major de la division.

Les fonctionnaires et professeurs de chacune de ces Écoles prennent rang entre eux suivant leur grade et l'importance de leurs fonctions.

Les élèves de l'École d'application d'état-major provenant d'un corps, et qui, pendant leur séjour à l'Ecole, sont promus dans ce corps à un emploi de lieutenant, ne prennent rang dans le corps d'état-major que d'après l'ordre déterminé par le numéro de mérite de leur examen de sortie.

Les élèves de l'École polytechnique ou de l'Ecole spéciale militaire qui sont promus au grade de sous-lieutenant le même jour, prennent rang entre eux, dans les armes où ils sont placés, d'après le numéro de mérite qu'il ont obtenu aux examens de sortie de ces Ecoles. Ils comptent comme service de sous-officier le temps de leur séjour à l'Ecole ; ceux d'entre eux qui étaient sous-officiers avant leur entrée à l'Ecole ajoutent à leur ancienneté dans ce grade le temps qu'ils y ont passé. — Les élèves de l'Ecole polytechnique, placés le même jour comme sous-lieutenants dans l'infanterie ou la cavalerie, ont toujours la priorité sur les élèves de l'Ecole militaire. (*Ordonn. du 16 mars* 1838.)

Le commandant de l'École de cavalerie de Saumur jouit du même rang et des mêmes honneurs militaires que le général commandant la subdivision; mais, hors de l'Ecole, la préséance est dévolue à ce dernier. — L'état-major de l'Ecole prendra, dans les cérémonies publiques, le rang attribué par les règlements et ordonnances en vigueur aux officiers attachés à l'état-major de la subdivision territoriale. — Les écuyers et sous-maîtres de manége non militaires qui seront compris dans la prémière formation prendront rang dans l'état-major de l'École, en raison du grade auquel ils seront assimilés. (*Ordonn. des 10 mars 1825 et 7 nov. 1845, Décret du 17 oct. 1853, insérés au Journ. milit.*)

Dans les réunions militaires dont l'Ecole est appelée à faire partie, elle marche en tête de tous les corps de troupe à cheval. (Décret du 17 octobre 1853, *Journ. milit.*, p. 285. — Garrel, *Recueil des dispositions relatives aux honneurs et préséances militaires.*)

Garde nationale.

La garde nationale est placée sous l'autorité hiérarchique des maires, des sous-préfets, des préfets, du ministre de l'Intérieur. Lorsque, d'après les ordres du préfet ou du sous-préfet, la garde nationale de plusieurs communes est réunie sur un point, elle est sous l'autorité du maire de la commune où a lieu la réunion. Dans certains cas exceptionnels prévus par les lois relatives à la défense du territoire et à l'état de siége, elle est immédiatement subordonnée à l'autorité militaire.

Dans tous les cas où les gardes nationales sont de service avec les corps soldés elle prennent rang sur eux. Les différentes armes sont classées entre elles comme les armes correspondantes de l'armée. Les sapeurs-pompiers sont assimilés à l'arme spéciale du génie, laquelle dans l'armée de ligne est placée à la droite et en tête immédiatement après l'artillerie. Ainsi, dans les revues, les parades et autres circonstances où les diférents corps dont se compose la garde nationale sont réunis, les canonniers et en suite les sapeurs-pompiers volontaires doivent, d'après le rang des armes, se placer et défiler avant les grenadiers et les voltigeurs. En outre, ils doivent marcher après la musique et non la précéder comme les sapeurs porte-hache et ils partagent avec les autres gardes nationales l'honneur d'escorter le drapeau. Le rang accordé aux sapeurs-pompiers ne concerne que les sapeurs-pompiers volontaires, et non ceux qui reçoivent des indemnités ; ainsi, le bataillion de sapeurs-pompiers de Paris, étant un corps soldé, prend rang parmi les forces régulières.

Les officiers du même grade prennent rang entre eux d'après l'ancienneté, et à égalité d'ancienneté, d'après l'âge respectif. (Décret du 11 janvier 1852).

La première et indispensable condition de l'investiture d'un grade ou d'un emploi est la prestation de serment conforme à l'article 14 de la Constitution : « Je jure obéissance à la Constitution et fidélité à l'Empereur. »

Le Préfet, le Sous-Préfet, ou le maire, suivant les circonstances, fait reconnaître à la garde nationale assemblée le commandant communal, afin que, après avoir été reconnu, ce commandant fasse reconnaître à son tour les officiers des diverses armes placés dans son commandement et, par suite et successivement les sous-officiers et caporaux dans l'ordre hiérarchique.

La formule de la reconnaissance consiste exclusivement dans les termes suivants :

« Gardes nationaux ! Vous reconnaîtrez pour votre...

(indiquer, le grade) M... qui a été nommé à ce grade par... (indiquer avec la date, le décret, l'arrêté ou l'acte de nomination) et vous lui obéirez en tout ce qu'il vous commandera pour le bien du service. »

Pour les emplois, tels que majors, adjudant-majors, chirurgiens-majors et aides-majors, rapporteurs et secrétaires des conseils de discipline, capitaines d'armement et officiers payeurs :

« Gardes nationaux ! Vous reconnaîtrez en qualité de... (indiquer l'emploi) M... qui a été nommé à cet emploi par... (indiquer avec la date, le décret, l'arrêté ou l'acte de nomination). » (Circulaire du ministre de l'Intérieur du 22 juin 1852. — Arrêté du 18 février 1852.)

Les honneurs, quand la garde nationale et la troupe font un service commun, sont réglés par les dispositions des articles 298 et 299 du décret du 13 octobre 1863. Dans tous les cas, où la garde nationale concourt avec les troupes à l'exécution d'un service militaire d'ordre public, le commandement général appartient au commandant des troupes.

Dans les fêtes et les cérémonies publiques pour lesquelles la garde nationale et la troupe sont réunies sous les armes, le commandement général est déféré à l'officier de la garde nationale, ou de l'armée qui a la supériorité du grade ; à grade égal, au plus ancien et, à égalité d'ancienneté, au plus âgé. (Article 220 du Décret impérial du 13 octobre 1863.)

Gendarmerie.

Rang.

Art. 3. (1) Le corps de la gendarmerie prend rang dans l'armée à la droite de toutes les troupes de lignes.

157 Dans les cérémonies et fêtes publiques, les chefs de légion de gendarmerie prennent rang, suivant leur grade, avec les officiers appartenant aux états-majors des divisions militaires.

Les chefs d'escadron, commandants de compagnie, prennent rang, suivant leur grade, avec les officiers de toutes armes attachés à la subdivision.

Les capitaines et lieutenants, commandant la gendarmerie de l'arrondissement, prennent rang dans l'état-major de la place.

158. Si, dans les chefs-lieux de légion, de compagnie ou d'arrondissement, l'état-major auquel les officiers de gendarmerie doivent se joindre suivant leur grade, n'existe pas, ces officiers se réunissent à l'état-major immédiatement inférieur dans l'ordre des préséances.

S'il existe pas d'état-major dans la résidence, les officiers de gendarmerie considérés, suivant leur grade, comme devant en faire partie, n'en ont pas moins droit de prendre place dans le rang assigné à cet état-major.

Honneurs à rendre à la gendarmerie.

Art. 142. Lors des voyages de l'Empereur dans les départements, des détachements de gendarmerie sont placés

(1) Les numéros placés en tête de chaque paragraphe de l'article gendarmerie indiquent les articles du décret Impérial du 1er mars 1854.

sur la route qu'il doit parcourir, soit pour faire partie des escortes, soit pour assurer la libre circulation des voitures et équipages des personnes qui l'accompagnent.

Dans le cas où l'Empereur voyage par la voie des chemins de fer, les détachements de gendarmerie sont placés aux gares de départ et d'arrivée, ainsi qu'aux stations intermédiaires.

Les chefs de légion reçoivent à cet égard des ordres particuliers.

143. Lorsque les ministres se rendent officiellement dans les départements, et que leur voyage est annoncé, chaque commandant de la gendarmerie en résidence dans les communes situées sur la route, se trouve au relais des postes ou à la station du chemin de fer, sur la ligne qu'ils doivent parcourir, afin de se tenir prêt à recevoir leurs ordres.

A l'arrivée des ministres au lieu de leur mission, le commandant de la gendarmerie du département ou de l'arrondissement, si ce n'est pas un chef-lieu de préfecture, se porte à leur rencontre à deux kilomètres de la place avec cinq brigades, pour les escorter jusqu'au logement qui leur est préparé, et où doit se rendre le chef de la légion : il leur est fourni un gendarme de planton.

Les mêmes honneurs sont rendus aux ministres pour leur retour.

144. Lorsque les maréchaux de France pourvus de commandements se rendent, pour la première fois, dans la circonscription de leur commandement territorial, le commandant de la gendarmerie du département se porte à leur rencontre, à 1 kilomètre de la place, avec cinq briga-

des, et les escorte jusqu'à l'hôtel du quartier général, où doit se trouver le chef de la légion s'il réside sur ce point. Ces honneurs leur sont également rendus à leur départ.

Les maréchaux de France, qui sont envoyés en mission dans les départements, reçoivent ces mêmes honneurs à leur arrivée au lieu de leur destination, ainsi qu'à leur départ.

145. Lors de la première entrée des généraux de division dans le chef-lieu de leur commandement, les commandants de gendarmerie se portent à leur rencontre à 1 kilomètre de la place avec trois brigades, et les escortent jusqu'à leur quartier général.

146. Lors de la première entrée des généraux de brigade commandant les subdivisions militaires dans le chef-lieu de leur commandement, les commandants de la gendarmerie vont à leur rencontre à 1 kilomètre de la place, avec deux brigades, et les escortent jusqu'à leur hôtel.

147. Les inspecteurs généraux de gendarmerie, pendant le temps de leur revue, reçoivent chacun suivant son grade, dans l'arrondissement d'inspection qui lui est assigné, les mêmes honneurs militaires que ceux accordés par les règlements aux inspecteurs généraux d'armes.

148. Lors de la première entrée des préfets dans le chef-lieu de leur département, les commandants de la gendarmerie vont à leur rencontre à 1 kilomètre de la ville avec deux brigades et les escortent jusqu'à l'hôtel de la préfecture.

149. Lorsque les préfets font des tournées dans leurs départements, la gendarmerie des localités où ils passent, exécute ou fait exécuter ce qui lui est demandé par ces ma-

gistrats pour la sureté de leurs opérations et le maintien du bon ordre. En conséquence, les commandants d'arrondissement et de brigade, prévenus de l'arrivée des préfets, sont tenus de se trouver au logement qui leur est destiné, pour savoir si le service de la gendarmerie leur est nécessaire. Dans le cas où les préfets font des réquisitions pour qu'il leur soit fourni une escorte, deux gendarmes sont mis à leur disposition pour ce service spécial.

150. Dans toute commune où se tient la haute cour de justice, le commandant de la gendarmerie se porte avec cinq brigades, à 1 kilomètre de la ville, au-devant du magistrat chargé de présider cette Cour souveraine, et l'escorter jusqu'à son domicile. Les mêmes honneurs lui sont rendus lors de son départ.

Immédiatement après l'arrivée du président de la haute cour, tous les officiers supérieurs et autres de gendarmerie sont tenus de lui rendre visite.

151. Dans toute commune où se tiennent les assises, une brigade de gendarmerie se porte, cent pas au delà des portes de la ville, au-devant du magistrat qui vient les présider, et l'accompagne jusqu'au logement qui lui est destiné. Une brigade de gendarmerie l'accompagne également lors de son départ. Les officiers supérieurs et autres de gendarmerie lui rendent visite.

152. La gendarmerie est toujours en grande tenue pour les honneurs à rendre.

Des cérémonies publiques et des préséances.

153. Lorsque la gendarmerie accompagne le Saint-Sacrement aux processions de la Fête-Dieu, elle est en

grande tenue et en armes : deux sous-officiers ou gendarmes suivent immédiatement le dais ; le surplus du détachement marche entre les fonctionnaires et les assistants.

154. Dans les fêtes et cérémonies publiques, lorsqu'à défaut d'autres troupes, la gendarmerie est dans le cas de fournir des gardes d'honneur, les diverses autorités se concertent avec le commandant de gendarmerie de la résidence pour les escortes à donner ; elles ne peuvent être prises que dans la résidence même.

155. Dans la résidence d'un chef de légion, les' officiers de gendarmerie se rendent chez lui et dans toute autre résidence, chez l'officier de gendarmerie le plus élevé en grade. Les officiers ainsi réunis vont prendre le général commandant la subdivision, et l'accompagnent chez le général de division.

Dans les résidences où il n'existe point de généraux, les officiers se rendent directement chez le fonctionnaire qui occupe le premier rang dans la cérémonie.

156. Lorsque les cours de justice se rendent à une fête, ou à une cérémonie publique, la gendarmerie, à défaut de troupes de ligne, est tenue de leur fournir des escortes ainsi composées, savoir :

Aux cours d'appel, deux brigades ;

Aux cours d'assises, une brigade ;

Aux tribunaux de première instance, deux gendarmes.

514. Le grand prévôt commandant de la gendarmerie d'une armée, a une garde à son logement ; dans les marches et dans ses tournées, il est escorté de deux brigades de gendarmerie.

Un prévôt, dans le même cas, est accompagné d'une brigade.

159. Toutes les fois qu'un officier de gendarmerie, quel que soit son grade, prend possession de son emploi, il fait, dans les vingt-quatre heures de son arrivée, sa visite en grande tenue, aux fonctionnaires civils et militaires du lieu de sa résidence, qui sont dénommés avant lui dans l'ordre des préséances.

Dans les places de guerre, les commandants de place, quel que soit leur grade, sont compris dans le nombre des fonctionnaires militaires auxquels il est dû une première visite.

Les officiers de gendarmerie reçoivent la visite des fonctionnaires classés après eux dans l'ordre des préséances, et les rendent dans les vingt-quatre heures.

Dispositions diverses.

160. Il est expressément défendu à la gendarmerie de rendre d'autres honneurs que ceux déterminés plus haut, et dans les cas qui y sont spécifiés, ni de fournir des escortes personnelles, sous quelque prétexte que ce soit.

Les gendarmes ne doivent point le salut aux sous-officiers de l'armée.

161. En général, et sauf les cas expressément déterminés par les articles 142 et suivants du présent décret, les gardes et escortes d'honneur pour les autorités ne sont fournies par la gendarmerie, qu'*à défaut de troupe de ligne*, et en ayant, d'ailleurs, toujours égard aux besoins du service de sûreté publique.

Réception des officiers, des sous-officiers, caporaux ou brigadiers.

INFANTERIE.

Nominations mises à l'ordre.

201. (1) Les nominations d'officiers, de sous-officiers, et de caporaux, ainsi que l'admission des officiers, des sous-officiers, des caporaux et soldats dans les compagnies d'élite sont mises à l'ordre du régiment.

Réception des officiers.

202. Les officiers sont reçus de la manière suivante :

Le colonel, par le maréchal de camp commandant la brigade ou la subdivision militaire ;

Les officiers supérieurs et les capitaines de compagnie, par le colonel ;

Les adjudants-majors et le porte-drapeau, par le lieutenant-colonel ;

Les lieutenants et les sous-lieutenants par le chef de bataillon ;

Les officiers comptables, par le major.

A défaut des officiers ci-dessus désignés pour procéder aux réceptions, des officiers du grade immédiatement inférieur le suppléent ; le major est suppléé par le chef de bataillon de semaine.

Pour la réception du colonel et celle du lieutenant-colonel, le régiment est en grande tenue avec le drapeau.

---

(1) Les numéros placés en tête de chaque paragraphe de ce chapitre indiquent les articles de l'ordonnance au 2 novembre 1833 sur le service intérieur des troupes.

Les chefs de bataillon et le major sont reçus devant le régiment en grande tenue sans le drapeau ; le chef de bataillon qui doit être reçu, se place vis-à-vis du centre de son bataillon ; les officiers de ce bataillon sont en hausse-col. Le major se place vis-à-vis du centre du régiment.

Les capitaines et les adjudants-majors sont reçus devant le bataillon dont ils font partie ; le capitaine se place vis-à-vis de sa compagnie ; l'adjudant-major vis-à-vis du centre du bataillon.

Les lieutenants et les sous-lieutenants sont reçus devant leur compagnie.

Lorsque un officier passe dans une compagnie d'élite, la réception a lieu de la même manière.

Les officiers comptables sont reçus devant la compagnie hors rang à laquelle se réunissent les sergents-majors et les fourriers.

Le porte-drapeau est reçu la première fois que le corps prend les armes avec le drapeau.

L'officier qui doit être reçu se place à la gauche de celui qui le fait recevoir ; l'un et l'autre mettent le sabre ou l'épée à la main ; ils font face à la troupe. Celui qui reçoit fait porter les armes et ouvrir un ban ; il prononce à haute voix la formule suivante :

(Pour la réception du colonel.) *De par l'Empereur, officierss, sous-officier, caporaux et soldats, vous reconnaîtrez pour colonel M... et vous lui obéirez en tout ce qu'il vous commandera pour le bien du service et pour l'exécution des règlements militaires.*

Quand l'officier qui procède à la réception est d'un

grade inférieur à celui qu'il reçoit, il se place à sa gauche et substitue les mots : *Nous reconnaîtrons et nous lui obéirons,* à ceux : *Vous reconnaîtrez et vous lui obéirez.*

Après la réception, les tambours ferment le ban.

Les officiers qui avancent en grade sans changer d'emploi ne sont pas reçus ; leur avancement est annoncé par la voie de l'ordre. Il en est de même de la nomination des chirurgiens, des chefs de musique, sous-chefs de musique et musiciens. (Règlement du 25 août 1854.)

Réception des sous-officiers et caporaux.

203. Les adjudants sont reçus à la garde montante par l'adjudant-major de semaine, en présence des sous-officiers de leur bataillon.

Les sergents-majors, les sergents, les fourriers et les caporaux sont reçus par le capitaine, la première fois que la compagnie prend les armes.

Les sous-officiers et les caporaux passant dans les compagnies d'élite sont reçus de la même manière.

Le tambour-major, les caporaux-tambours et les caporaux-clairons sont reçus à la garde montante par l'adjudant-major de semaine : le tambour-major en face de tous les tambours et clairons ; les caporaux, en face des tambours et clairons de leur bataillon.

La formule de réception est la même que pour les officiers ; il n'est pas ouvert de ban ; seulement, il est battu un roulement pour la réception des adjudants. L'adjudant qui est reçu a le sabre à la main ; les sous-officiers et les caporaux portent l'arme dans le bras droit.

CAVALERIE.

Nominations mises à l'ordre.

253. Les nominations d'officiers, de sous-officiers, de brigadiers et de cavaliers de première classe, sont mises à l'ordre du régiment.

Réception des officiers.

254. Les officiers sont reçus de la manière suivante :

Le colonel, par le maréchal de camp commandant la brigade ou la subdivision militaire;

Les officiers supérieurs, les capitaines-commandants et le capitaine instructeur, par le colonel; cette disposition s'applique aux capitaines en second qui deviennent capitaines commandants ;

Les capitaines en second, les adjudants-majors et le porte-étendard, par le lieutenant-colonel;

Les lieutenants et les sous-lieutenants, par leur chef d'escadron ;

Les officiers comptables, par le major.

A défaut des officiers ci-dessus désignés pour procéder aux réceptions, les officiers du grade immédiatement inférieur les suppléent : le major est suppléé par le chef d'escadron de semaine.

Pour la réception du colonel et celle du lieutenant-colonel, le régiment monte à cheval, eu grande tenue, avec l'étendard.

Les chefs d'escadron et le major sont reçus à cheval, en grande tenue, sans l'étendard : les chefs d'escadron se placent devant le centre des escadrons qu'il doivent commander ; le major se place vis-à-vis du centre du régiment.

Les autres officiers peuvent être reçus, la troupe étant à pied, lors de la première réunion du régiment : ils se placent devant le front de leur escadron ; les officiers comptables devant le centre du régiment. Le porte-étendard est reçu la première fois que le corps prend les armes avec l'étendard.

L'officier qui doit être reçu se place à la gauche de celui qui le fait recevoir ; l'un et l'autre mettent le sabre à la main ; ils font face à la troupe. Celui qui reçoit, fait porter les armes, ou mettre le sabre à la main, et ouvrir un ban ; il prononce à haute voix la formule suivante :

(Pour la réception du colonel.) *De par l'Empereur, officiers, sous-officiers, brigadiers et cavaliers, vous reconnaîtrez pour colonel du régiment M... et vous lui obéirez en tout ce qu'il vous commandera pour le bien du service et pour l'exécution des règlements militaires.*

Quand l'officier qui procède à la réception est d'un grade inférieur à celui qu'il reçoit, il se place à la gauche et substitue les mots : *Nous reconnaîtrons et nous lui obéirons* à ceux : *Vous reconnaîtrez et vous lui obéirez.*

Après la réception, les trompettes ferment le ban.

Les officiers qui avancent en grade sans changer d'emploi, ne sont pas reçus : leur avancement est annoncé par la voie de l'ordre. Il en est de même de la nomination des chirurgiens, des vétérinaires et des chefs de musique, sous-chef de musique et musiciens. (Règlements des 12 juin 1852 et 25 août 1854. *Journal militaire*, p. 522 et 284.)

Salut militaire.

Infanterie et cavalerie. — Le salut des officiers consiste à porter la main droite au casque ou au shako, ou à se découvrir lorsqu'ils sont en bonnet de police.

Les sous-officiers et les soldats saluent en portant la main droite au côté droit de la visière du casque ou du shako ou du turban du bonnet de police, la paume de la main en dehors, le coude à la hauteur de l'épaule.

A cheval, les officiers, les sous-officiers et les soldats saluent en portant la main droite à la coiffure, quelle qu'elle soit.

Tout sous-officier ou soldat qui est assis se lève pour saluer un officier, et se tourne de son côté.

Le salut ne se renouvelle pas dans une promenade ou dans tout autre lieu public.

Lorsque les officiers sont en casque ou en shako, ils ne se découvrent chez leur supérieur qu'après l'avoir salué. Les sous-officiers et les soldats ne se découvrent que lorsque le supérieur les y autorise.

Tout sous-officier ou soldat parlant à un officier prend une attitude militaire ; s'il est en bonnet de police, il le tient à la main jusqu'à que l'officier l'autorise à se couvrir.

Les élèves des écoles militaires doivent le salut aux officiers de toutes armes d'un grade supérieur au leur, revêtus de leurs marques distinctives, ainsi qu'à leurs professeurs. (Voir *le règlement de l'Ecole d'application d'état-major du 8 mars* 1844.)

Les officiers de santé des corps de troupe ne sont pas

astreints par le règlement au salut envers les officiers d'un grade inférieur à celui de chef de bataillon ou d'escadron, à moins que ces officiers ne soient commandants provisoires de corps ou chefs de détachement. (Décision ministérielle du 7 juillet 1853, *Journal militaire*, page 5.)

Salut à l'égard des membres de l'intendance, des fonctionnaires civils, officiers de santé, etc.

Art. 196-280. Les membres de l'intendance militaire ont droit au salut des militaires. Y ont encore droit les fonctionnaires civils en costume, les officiers de santé militaires, les vétérinaires et les chefs de musique. (*Articles mis en harmonie avec les nouvelles dispositions.*)

Visites d'officiers.

Art. 164 (*Infanterie*). Quand un officier entre dans une chambre, le caporal commande : *fixe ;* les soldats se lèvent, se découvrent, s'ils sont en bonnet de police, gardent le silence et l'immobilité jusqu'à ce que l'officier soit sorti, ou qu'il ait commandé : *Repos ;* si c'est un officier supérieur, le caporal commande : *A vos rangs ;* les soldats se placent au pied de leurs lits ; lorsqu'ils y sont, le caporal commande : *fixe.*

Salut des sous-officiers et soldats.

Les sous-officiers et les soldats saluent en portant ou en présentant les armes d'après le degré des honneurs et conformément aux règlements.

Salut des officiers.

Le salut des officiers a lieu de la manière suivante :

L'officier d'infanterie qui doit saluer se place à six
pas de la personne qui doit être saluée, élève l'épée
ou le sabre perpendiculairement, la pointe en haut,
le plat de la lame vis-à-vis de l'œil droit, la garde à
hauteur de l'épaule, le coude appuyé au corps. Il baisse
la lame en étendant le bras, de manière que la main
droite soit placée à côté de la cuisse droite et reste
dans cette position jusqu'à ce que la personne qu'on
aura saluée soit dépassée de six pas. Il relève ensuite l'épée ou le sabre et place la lame contre l'épaule
droite.

(Ordonnance du 4 mars 1831, sur l'exercice et les
manœuvres de l'infanterie.)

Lorsque les officiers supérieurs et officiers de cavalerie
doivent saluer, soit à cheval, soit à pied, de pied ferme
ou en marchant, ils le font de la manière suivante : à
quatre pas de la personne qu'on doit saluer, ils élèvent le
sabre perpendiculairement, la pointe en haut, le tranchant
à gauche, la poignée vis-à-vis et à trente-trois centimètres de l'épaule droite, le coude à seize centimètres
du corps ; ils baissent la lame en étendant le bras de
toute sa longueur, le poignet en quarte jusqu'à ce que
la pointe du sabre se trouve vers le pied ; ils relèvent
ensuite vivement le sabre, la pointe en haut, comme
au premier temps, lorsque la personne qu'on a saluée

est dépassée de quatre pas, et ils portent le sabre à l'épaule.

(Ordonnance du 6 décembre 1829, sur l'exercice et les manœuvres de la cavalerie.)

Salut du drapeau.

Dans le rang, les porte-drapeau, soit de pied ferme, soit en marchant, portent le drapeau le talon à la hanche droite, et lorsque les drapeaux doivent rendre les honneurs, les porte-drapeau saluent de la manière suivante : la personne qu'on doit saluer étant éloignée de six pas, le porte-drapeau élève la main droite le long de la lance, jusqu'à ce qu'elle soit arrivée à hauteur de l'œil : il baisse la lance en allongeant le bras de toute sa longueur, sans que le talon du drapeau quitte la hanche, et relève ensuite la lance, lorsque la personne qu'on a saluée est dépassée de six pas. (Ordonnance du 4 mars 1831.)

Salut de l'étendard.

Lorsque l'étendard doit rendre les honneurs, le porte-étendard salue de la manière suivante : à quatre pas de la personne qu'on doit saluer, il baisse doucement la la lance en se rapprochant le plus possible de la ligne horizontale ; il relève ensuite doucement la lance, lorsque la personne que l'on a saluée est dépassée de quatre pas. (Ordonnance du 6 décembre 1829.)

Médaille Militaire.

Tout membre de l'armée, décoré de la Médaille militaire, aura droit à des marques de respect de la part de sentinelles et de tous les autres militaires, qui, étant du même grade que lui, ne seront pas décorés de la médaille.

Cette marque de respect consistera : pour la sentinelle, à régulariser sa position, soit l'arme au bras, soit l'arme au pied, et à garder l'immobilité et la main dans le rang ;

Pour les autres militaires (sous-officiers, caporaux ou brigadiers et soldats), à saluer militairement.

Le militaire décoré de la médaille aura, lors de son décès, droit, à titre d'honneurs funèbres, à un quart de détachement, qu'il soit sous-officier, caporal, brigadier ou soldat. (Décision impériale du 2 mars 1853, *Journal militaire*, p. 139.)

Préséances dans les armées de terre et de mer.

Cérémonies publiques et réunions officielles (1).

291. Dans les cérémonies publiques et réunions officielles, les autorités, officiers, fonctionnaires et employés des armées de terre et de mer se placent dans l'ordre ci-après :

1o AUTORITÉS DES ARMEES DE TERRE ET DE MER AYANT RANG
INDIVIDUEL.

Maréchal de France ou amiral,
Général commandant la division territoriale,

(1) Les numéros placés en tête de chaque paragraphe indiquent les articles du décret du 31 octobre 1863 portant règlement dans les places de guerre et les garnisons.

Préfet maritime,
Général commandant la subdivision territoriale,
Major général de la marine,
Commandant de place.

2º ÉTAT-MAJOR DE LA DIVISION.

Généraux de division ou de brigade, employés à tout autre titre qu'à celui de commandant territorial, ou disponibles,

Intendants généraux inspecteurs et intendants militaires en activité ou disponibles,

Inspecteurs du service de santé,

Officiers supérieurs et autres du corps d'état-major attachés à la division,

Directeurs de l'artillerie et du génie et officiers attachés aux commandements, inspections et directions de ces armes,

Chefs de légion de gendarmerie. (Voir gendarmerie).

3º ÉTAT-MAJOR DE LA PRÉFECTURE MARITIME

Vice-amiraux et contre-amiraux employés à tout autre titre que ceux de préfet maritime ou de major général,

Généraux de division et généraux de brigade des troupes de la marine,

Inspecteurs généraux des constructions navales, des travaux hydrauliques et du service de santé,

Directeur des constructions navales,

Commissaire général,

Inspecteurs en chef des services administratifs,

Directeur du service de santé,

Aumônier en chef,

Directeurs des mouvements du port, de l'artillerie et des travaux hydrauliques,

Commandant supérieur des bâtiments à vapeur,

Officiers supérieurs et autres attachés aux états-majors généraux.

4º ETAT MAJOR DE LA SUBDIVISION.

Officiers d'état-major attachés à la subdivision,
Sous-intendants militaires et adjoints à l'intendance militair·,
Officiers, fonctionnaires et employés attachés aux écoles mili-
taires spéciales et d'application (Voir écoles militaires),
Officiers du service du recrutement,
Ofûciers et employés militaires du service de la remonte,
Officiers et employés militaires du service de la justice militaire,
Officiers de gendarmerie.

5º ÉTAT-MAJOR DE LA MAJORITÉ.

Officiers de marine,
Ingénieurs des constructions navales,
Ingénieurs hydrographes,
Ingénieurs des travaux hydrauliques,
Officiers du commissariat,
Officiers de l'inspection des services administratifs
Officiers de santé,
Aumôniers,
Mécaniciens en chef et principaux agents du service des di-
rections de travaux,
Manutentionnaires des subsistances,
Officiers des tribunaux maritimes,
Examinateurs et professeurs de l'école navale,
Examinateurs et professeurs des écoles d'hydrographie,
Trésoriers des invalides,
Gardes et autres employés de l'artillerie,
Officiers de gendarmerie,
Corps d'officiers de troupe.

6º ÉTAT-MAJOR DE LA PLACE.

Officiers de l'état-major de la place,
Officiers et employés militaires d'artillerie et du génie attachés
à la place et aux établissements de l'armée.

Officiers et employés militaires les parcs des équipages militaires,
Aumôniers,
Médecins et pharmaciens (1),
Officiers d'administration,
Vétérinaires,
Interprètes,
Corps d'officiers de troupe.

Dans chaque groupe de chaque état-major, les officiers généraux et autres, les fonctionnaires et employés se placent suivant leur grade ou leur rang.

A égalité de grade ou de rang, le commandant territorial ou le préfet maritime a la préséance.

Pour tous les autres officiers, fonctionnaires ou employés, la droite, à égalité de grade ou de rang, appartient au plus ancien.

Officiers retirés du service.

292. Les officiers de tout grade *retirés du service* peuvent assister aux cérémonies publiques; les officiers généraux se réunissent à l'état-major de la division ou de la préfecture maritime; les officiers supérieurs et autres, à l'état-major de la majorité générale ou de la place. Les uns et les autres marchent, dans ces états-majors, après tous les officiers en activité ou en disponibilité de leur corps ou arme.

Places qui sont ports de la marine impériale.

293. Dans l'enceinte de l'arsenal ou sur les terrains de la marine, les autorités maritimes ont la droite.

(1) Autres que ceux de troupe qui marchent avec leurs corps, de même que les chefs de musique.

Réciproquement, la droite appartient, dans la place, aux autorités militaires.

294. Dans les ports qui ne sont pas siéges de préfectures maritimes, le chef du service de la marine se réunit à l'état-major de la division; tous les autres officiers, fonctionnaires ou employés de la marine se réunissent à l'état-major de la place.

Disposition générale.

295. A défaut, dans la localité, de l'état-major dans lequel un officier, fonctionnaire ou employé doit prendre place, il se réunit à l'état-major immédiatement inférieur.

Rang des troupes

Ordre de bataille.

296. L'ordre de bataille, pour les réunions de troupes, parades, revues, cérémonies publiques, etc., est réglé comme il suit :

ARMÉE DE TERRE.

1° TROUPES A PIED.

Gardes nationales.
Invalides.

Vétérans .... { Fusiliers.
Canonniers.
Sous-officiers.
Gendarmes.

Garde impériale..
- Chasseurs à pied.
- Zouaves.
- Voltigeurs.
- Artillerie....
  - montée ......
  - à pied ....
  - Ouvriers pontonniers ......
  } Avec leur matériel.
- Génie ....
- Grenadiers.
- Gendarmes.

Gendarmerie.....
- Garde de Paris.
- Gendarmerie départementale.

Sapeurs-pompiers de la ville de Paris.

Troupes de ligne.
- Chasseurs à pied.
- Zouaves.
- Artillerie....
  - montée ....
  - à pied ....
  - Pontonniers..
  - Ouvriers .....
  - Armuriers....
  } Avec leur matériel.
- Génie........
  - Mineurs et sapeurs......
  - Ouvriers......
  } Avec leur matériel.
- Infanterie de ligne.

Troupes de l'administration..
- Ouvriers des équipages militaires.
- Infirmiers.
- Ouvriers d'administration.

2° TROUPES A CHEVAL.

Gardes nationales.
Cent-gardes.

Garde impériale..
- Guides.
- Chasseurs.
- Lanciers.
- Dragons.
- Artillerie....
  - à cheval.. ..
  - Train........
  } Avec leur matériel.
- Cuirassiers.
- Gendarmes.
- Train des équipages.

Gendarmerie..... { Garde de Paris.
Gendarmerie départementale.

Troupes de ligne. { Chasseurs d'Afrique.
Hussards.
Chasseurs.
Lanciers.
Dragons.
Artillerie.... { à cheval ..... } Avec
{ Train........ } leur matériel.
Cuirassiers.
Carabiniers.
Cavaliers de remonte.
Train des équipages.

ARMÉE DE MER.

1° TROUPES A PIED.

Gendarmerie.
Artillerie.
Equipages de la flotte.
Infanterie.

2° TROUPES A CHEVAL.

Gendarmerie.

Dispositions spéciales.

297. Les militaires de la garde impériale, pris isolément, n'ont, pour les préséances comme pour le service, que le rang de leur grade effectif.

Dans les réunions de troupes pour lesquelles l'artillerie et le génie marchent sans leur matériel, elles prennent la droite des troupes à pied ou à cheval, suivant qu'elles font partie des unes ou des autres.

A bord, dans l'arsenal ou sur les terrains de la marine, les troupes de mer prennent la droite. Elles pren-

8

nent la gauche à terre, hors de l'arsenal et des terrains de la marine.

Les bataillons d'infanterie légère d'Afrique et les compagnies disciplinaires, appelés à faire partie d'une réunion de troupes, prennent la gauche des troupes françaises à pied.

Les troupes étrangères ou indigènes prennent la gauche des troupes nationales de leur arme.

Les préposés en armes du service des douanes prennent la gauche des troupes à pied.

Si les troupes doivent être formées en haie, le côté droit est déterminé par la direction que suit le cortége (1). Elles sont établies d'après les principes posés ci-dessus, en prenant alternativement la droite et la gauche.

Dans le cas où la garde nationale figure dans la cérémonie, elle prend le côté droit de la haie. La troupe lui fait face.

Honneurs à rendre par les corps d'officiers et les personnels des divers services militaires et maritimes.

Principales subdivisions de la règle des honneurs.

298. La règle des honneurs militaires comprend les subdivisions suivantes :

1° Honneurs à rendre par les corps d'officiers et les personnels des divers services (visites de corps) ;

(1) Quand une troupe, dans la haie, occupe le côté droit, considéré comme place d'honneur, on dit qu'elle prend la droite; quand elle occupe le côté gauche, elle prend la gauche.

2° Honneurs à rendre par les troupes,

3° Honneurs à rendre par les postes, gardes et piquets;

4° Honneurs à rendre par les sentinelles, plantons, etc.

5° Escortes d'honneur ;

6° Salves d'artillerie (à titre d'honneur) ;

7° Mot d'ordre (à titre d'honneur) ;

8° Visites individuelles (à titre d'honneur) ;

9° Honneurs funèbres ;

10° Prescriptions générales et principes relatifs à l'application de la règle des honneurs.

Chacune de ces différentes subdivisions forme l'un des chapitres ci-après :

Visites de corps.

299. Les corps d'officiers des troupes de terre et de mer, les officiers sans troupe, fonctionnaires et employés de la guerre et de la marine, présents dans la localité, doivent des visites de corps :

Aux maréchaux de France et amiraux,

Aux généraux de division et vice-amiraux,

Aux préfets maritimes,

Aux intendants généraux inspecteurs,

Aux généraux de brigade et contre-amiraux,

Aux intendants divisionnaires,

Aux majors généraux de la marine qui ne sont pas contre-amiraux,

A l'inspecteur général des constructions navales,

A l'inspecteur général du service de santé (armée de mer),

Aux inspecteurs de service de santé (armée de terre),

Aux commandants de place,

Aux cardinaux, archevêques et évêques,

Au premiers présidents des cours impériales,

Aux préfets,

Aux présidents de cour d'assises (1).

Toutefois, l'obligation des visites de corps, aux officiers, fonctionnaires et employés des armées de terre et de mer, est subordonnée réciproquement à la restriction consacrée par l'article 300 ci-après :

Disposition spéciale.

300. Les corps d'officiers, les officiers sans troupe, fonctionnaires et employés de l'armée de terre, en ce qui concerne leurs obligations à l'égard des autorités maritimes, ne font de visites qu'aux officiers généraux.

Réciproquement, les corps d'officiers, les officiers sans troupe, fonctionnaires et employés de l'armée de mer, en ce qui concerne leurs obligations à l'égard des autorités militaires, ne doivent de visites de corps qu'aux officiers généraux.

Chefs de corps ou chefs de service. — Officiers ou fonctionnaires en mission.

301. Les officiers, fonctionnaires et employés de la guerre et de la marine doivent des visites de corps aux officiers et fonctionnaires chefs de corps ou chefs de service, sous les ordres desquels ils sont directement

(1) La visite de corps à ce magistrat ne comprend qu'un officier supérieur et un officier de chaque grade par corps, et un fonctionnaire ou employé de chaque service ; mais tous les officiers de gendarmerie doivent y prendre part

placés, ou qui ont une mission des ministres de la guerre ou de la marine près du service dont ils dépendent.

Visites de corps faites en grande tenue. — Avis préalable.

302. Les visites de corps sont faites en grande tenue. Elles ont lieu après l'arrivée dans la place des personnes à qui elles sont dues, sur l'avis que ces personnes ont préalablement adressé à celle des autorités militaires ou maritimes qui a qualité pour donner les ordres nécessaires. Le lendemain de l'arrivée et la veille du départ d'un corps de troupe, des visites sont également faites par le corps d'officiers (art. 197), dans les formes et aux heures indiquées par l'autorité militaire ou maritime.

Corps de passage dans une place.

303. Lorsqu'un corps de passage dans une place n'y doit pas séjourner, il ne fait pas de visites. Le chef de corps se présente seul chez l'officier général ou supérieur commandant sur les lieux, en tenue de route. Il est dispensé de cette visite, lorsque le corps ne fait que traverser la ville.

Devoirs du commandant de place ou du major général de la marine.

304. Le major général de la marine ou le commandant de la place, aussitôt après l'arrivée d'un corps, envoie au chef de ce corps la liste et l'adresse des autorités qui ont droit aux visites.

Disposition spéciale.

305. Lorsqu'un chef de corps ou chef de service est d'un grade ou d'un rang supérieur à celui de la personne à qui une visite est due, il est dispensé d'y prendre part.

Ordre des visites de corps.

306. Les visites de corps se font dans l'ordre suivant :

ARMÉE DE TERRE.	ARMÉE DE MER.
État-major des places.	Officiers de marine.
Corps d'état-major.	Officiers de la direction d'artillerie.
État-major particulier de l'artillerie.	Ingénieurs des constructions navales.
État-major particulier du génie.	Ingénieurs hydrographes.
Intendance militaire.	Ingénieurs des travaux hydrauliques.
Écoles militaires.	Commissariat (jusqu'au grade d'aide-commissaire inclus).
Recrutement.	Inspection.
Remonte.	Officiers de santé.
Justice militaire.	Mécaniciens en chef et principaux.
Parcs des équipages.	Agents divers des services administratifs (1) (jusqu'aux assimilés à l'aide-commissaire).
Aumôniers.	École navale.
Service de santé.	Trésoriers des invalides de la marine.
Services administratifs.	
Service vétérinaire.	Justice maritime.
Interprètes.	Gendarmerie maritime.
Gendarmerie.	Corps de troupe de la marine.
Corps de troupe.	

Ces différentes catégories passent successivemen dans l'ordre déterminé ci-dessus.

Nota. Les dispositions auxquelles les corps d'officiers, fonctionnaires et employés de la guerre et de la marine doivent se conformer, pour se réunir en vue des visites de corps qu'ils ont à rendre, sont toujours prescrites à l'avance par l'autorité militaire ou maritime compétente.

(1) Par catégorie, d'après l'ordre de l'Annuaire de la marine.

Dans chacune d'elles, les officiers fonctionnaires et employés sont placés entre eux suivant leur grade ou rang.

Honneurs à rendre par les troupes (1).

Le saint-sacrement.

307. Lorsque le saint-sacrement passe devant une troupe en armes, elle fait halte, si elle est en marche, et se forme en bataille. Les hommes dans le rang présentent les armes, mettent le genou droit à terre et portent la main droite à la coiffure. Les tambours et clairons battent et sonnent aux champs, les trompettes sonnent la marche. Tous les officiers saluent de l'épée ou du sabre. Les drapeaux et étendards saluent.

L'Empereur.

308. Lorsque Sa Majesté entre dans une place, toutes les troupes prennent les armes. La moitié de l'infanterie est en bataille aux abords de la place, à droite et à gauche de la porte par laquelle l'Empereur doit entrer, et forme la haie sur son passage. Le reste de l'infanterie et les autres troupes forment la haie dans les rues ou sont en bataille sur les places (2).

Les troupes présentent les armes, les tambours et

(1) Voir pour les escortes, les salves d'artillerie et le mot d'ordre (à titre d'honneur), les articles 343 et suivants, 349 et suivants, 352 et suivants.

(2) Les troupes ne se forment en haie que pour l'Empereur, l'Impératrice, le Prince Impérial, les Princes français.

clairons battent et sonnent aux champs, les trompettes sonnent la marche. Tous les officiers saluent
de l'épée ou du sabre. Les drapeaux et étendards
saluent.

Les mêmes honneurs sont rendus par les troupes
que Sa Majesté passe en revue, ou qui se trouvent sur
son passage.

Si la troupe est en marche, elle fait halte et se forme
en bataille pour rendre les honneurs.

Dans une place de guerre, l'officier général, supérieur
ou autre commandant sur les lieux, accompagné du
commandant de place et des officiers de l'état-major
de la place, se trouve à l'avancée, lors de l'entrée de
Sa Majesté dans la place, pour lui en présenter les
clefs.

Si l'Empereur séjourne, et lors même que les troupes
de sa garde font le service auprès de sa personne, les
corps d'infanterie de la garnison fournissent, à tour de
rôle, un poste d'honneur, formé d'un bataillon avec le
drapeau et commandé par le chef de corps.

Si l'Empereur séjourne dans un port militaire, le
poste d'honneur est formé alternativement par les
troupes de terre et de mer.

Un poste de cavalerie, formé d'un escadron avec
l'étendard et commandé par le chef de corps, est également placé devant la résidence impériale. Tous les corps
de cavalerie alternent pour ce service d'honneur. Le
poste fournit deux vedettes, qui se tiennent le fusil
haut ou le sabre à la main devant l'entrée de la résidence.

Si l'Empereur conserve tout ou partie de ses postes d'honneur, les officiers qui les commandent prennent les ordres du grand maréchal du palais ou de son suppléant.

Lorsque l'Empereur reçoit les corps d'officiers, ils lui sont successivement présentés, en l'absence du ministre de la guerre ou de la marine, par l'officier général ou supérieur commandant sur les lieux, ou par le préfet maritime.

Lorsque Sa Majesté sort de la place, on observe le même cérémonial que pour son entrée.

Lorsque l'Empereur voyage, la gendarmerie départementale l'attend, formée en bataille sur la route, au point le plus voisin du lieu où elle réside. Elle lui rend les honneurs.

Lorsque Sa Majesté arrive dans un camp à l'intérieur, les troupes sont en bataille en avant du front de bandière. Elles rendent les honneurs comme il a été dit.

Il n'est rendu d'honneurs à personne dans les lieux où se trouve Sa Majesté, pendant le temps de son séjour et pendant les vingt-quatre heures qui précèdent son arrivée et qui suivent son départ.

Dans la capitale, cette restriction est bornée à l'enceinte du palais qu'habite Sa Majesté.

L'Impératrice et le Prince Impérial.

309. Les honneurs à rendre à l'Impératrice et au prince Impérial, lorsqu'ils n'accompagnent pas Sa Majesté sont les mêmes que ceux qui appartiennent à l'Empe-

reur ; mais les clefs de la place ne leur sont pas présentées.

310. Les troupes rendent aux Princes français les mêmes honneurs qu'à l'Empereur, mais le quart seulement de l'infanterie s'établit aux abords de la place les chefs de la place ne leur sont pas présentées et ils n'ont pas de garde de cavalerie à leur résidence. Le poste d'honneur est de cent hommes d'infanterie d'élite commandés par un capitaine.

Lorsque les Princes font partie du corps de troupe qui forme la garnison ou le camp, ils ne reçoivent, du lendemain de leur arrivée à la veille de leur départ, que les honneurs dus à leur grade.

Les ministres.

311. Pour les ministres, la garnison prend les armes. Les troupes sont en bataille sur leur passage et présentent les armes. Les tambours et clairons battent et sonnent aux champs, les trompettes sonnent la marche.

Les officiers supérieurs, seulement, saluent de l'épée ou du sabre. Les drapeaux et étendards saluent.

Une garde de soixante hommes d'élite, commandée par un capitaine, leur est envoyée.

Pour le ministre de la guerre, dans toutes les places et pour le ministre de la marine dans les places qui sont en même temps ports de la marine impériale, la garde est de quatre-vingts hommes d'élite commandés par un capitaine. Le commandant de place le reçoit à

l'avancée. Un officier d'ordonnance du grade de lieutenant ou sous-lieutenant lui est envoyé par chaque corps
de la garnison.

Maréchaux de France et amiraux.

312. Les maréchaux et amiraux investis d'un commandement, ou en mission, sont reçus, lors de leur prise
de possession ou de leur première entrée, de la même
manière que les ministres de la guerre et de la marine ;
mais leur garde n'est que de cinquante hommes d'élite
commandée par un capitaine.

Toutes les fois qu'ils paraissent devant les troupes
qu'ils commandent, celles-ci présentent les armes, les
tambours et clairons battent et sonnent aux champs,
les trompettes sonnent la marche, les officiers supérieurs
seulement saluent de l'épée ou du sabre. Les drapeaux et
étendards saluent.

Généraux de division. — Vice-amiraux. — Préfets maritimes.

313. Les généraux de division commandants en chef
reçoivent, dans l'étendue de leur commandement, les
mêmes honneurs que ceux qui appartiennent aux maréchaux.

Les vice-amiraux investis d'un commandement en
chef à la mer reçoivent, lorsqu'ils se présentent dans
une place de guerre qui est en même temps port de la
marine impériale, les mêmes honneurs que ceux qui
appartiennent aux amiraux.

Les généraux de division commandant en chef,
hors de l'étendue de leur commandement ; les vice-

amiraux commandants en chef, dans les places qui ne sont pas en même temps ports de la marine impériale, ne reçoivent que les honneurs prescrits ci-après pour les généraux de division et les vice-amiraux exerçant un commandement territorial.

Lorsque les généraux de division commandant une division territoriale, ou les préfets maritines, prennent possession de leur commandement, ou entrent pour la première fois dans une place qui en dépend, le commandant de place les reçoit à l'entrée. Les troupes, formées en bataille sur leur passage, portent les armes. Les tambours, clairons et trompettes battent ou sonnent le rappel. Les officiers supérieurs, seulement, saluent de l'épée ou du sabre. Ils ont une garde de cinquante hommes d'élite, commandés par un capitaine, fournissant deux sentinelles.

Toutes les fois que les généraux de division commandants territoriaux, ou les préfets maritimes, se présentent devant leurs troupes, elles portent les armes. Les tambours, clairons et trompettes battent et sonnent le rappel. Les officiers supérieurs, seulement, saluent de l'épée ou du sabre. Les drapeaux et étendards saluent.

Pour les généraux de division et vice-amiraux inspecteurs généraux, ou employés, les troupes de la garnison ne prennent pas les armes. Lorsqu'ils se présentent devant celles qu'ils ont la mission d'inspecter ou qu'ils commandent, elles portent les armes; les tambours, clairons et trompettes battent ou sonnent le rappel. Les officiers supérieurs, les drapeaux et étendards ne saluent que la première et la dernière fois que ces officiers géraux voient les troupes. Ils ont une garde de trente hommes d'élite, commandée par un lieutenant. Ils ont deux sentinelles d'élite.

énéraux de brigade et contre-amiraux.

314. Lorsque les généraux de brigade commandant une subdivision territoriale prennent possession de leur commandement ou entrent pour la première fois dans une place qui en dépend, le commandant de la place les reçoit à l'entrée. Les troupes, formées en bataille sur leur passage portent les armes. Les tambours, clairons et trompettes sont prêts à battre ou à sonner. Les officiers supérieurs, seulement, saluent de l'épée ou du sabre. Les drapeaux et étendards ne saluent pas. Leur garde est de trente hommes tirés des compagnies du centre et commandés par un lieutenant. Ils ont une sentinelle.

Toutes les fois que les généraux de brigade commandants territoriaux se présentent devant leurs troupes, celles-ci portent les armes. Les tambours, clairons et trompettes sont prêts à battre ou à sonner. Les officiers supérieurs, les drapeaux et étendards ne saluent pas.

Pour les généraux de brigade inspecteurs généraux, les troupes de la garnison ne prennent pas les armes. Lorsqu'ils se présentent devant celles qu'ils ont la mission d'inspecter, elles portent les armes ; les tambours, clairons et trompettes sont prêts à battre ou à sonner. Les officiers supérieurs ne saluent que la première et la dernière fois que ces officiers généraux voient les troupes. Les drapeaux et étendards ne saluent pas.

Leur garde, commandée par un lieutenant ou un sous-lieutenant, est de vingt hommes tirés des compagnies du centre. Ils ont une sentinelle.

Dans les places qui sont en même temps ports de la marine impériale, les contre-amiraux, majors généraux de la marine, reçoivent les honneurs déterminés ci-dessus pour les généraux de brigade inspecteurs généraux.

Les généraux de brigade et contre-amiraux employés reçoivent les mêmes honneurs; mais leur garde n'est que de quinze hommes tirés des compagnies du centre et commandés par un sergent. Ils ont une sentinelle.

Toutes les fois qu'un officier général, quel que soit son grade et quelle que soit sa mission, se présente devant les troupes pour en passer la revue, le commandant de ces troupes se porte vivement au-devant de lui, le salue de l'épée ou du sabre et reste à portée de recevoir ses ordres.

En l'accompagnant dans sa revue, il lui cède toujours le côté des troupes.

Intendants généraux inspecteurs.

315. Les intendants généraux inspecteurs ont droit à une sentinelle d'élite pendant leurs tournées d'inspection.

Intendants militaires inspecteurs.

316. Les intendants militaires inspecteurs ont droit à une sentinelle tirée des compagnies du centre, pendant leurs tournées d'inspection.

honneurs le jour de leur prise de possession, ou première entrée ; mais ils n'ont, le jour de leur arrivée, qu'une garde, commandée par un lieutenant, ou sous-lieutenant de quarante hommes tirés des compagnies du centre pour un archevêque, et de trente hommes pour un évêque. En tout temps, ils ont une sentinelle tirée des compagnies du centre.

Préfets.

319. Lorsque les préfets font leur première entrée dans le chef-lieu ou visitent pour la première fois une ville du département, les troupes sont en bataille sur leur passage. Elles portent les armes. Les officiers supérieurs ou autres et les drapeaux et étendards ne saluent pas. Les tambours, clairons et trompettes sont prêts à battre ou à sonner.

En tout temps, un poste de dix hommes tirés des compagnies du centre, commandé par un sergent, est établi à l'hôtel de la préfecture. Il fournit une sentinelle.

Présidents de cours d'assises.

320. Les présidents de cours d'assises ont droit à une sentinelle tirée des compagnies du centre, pendant toute la durée de la session des assises.

Majors généraux de la marine. — Commandants de place. — Chefs de corps de troupe.

321. Les majors généraux de la marine, les commandants de place, les colonels des corps de troupe et les autres chefs de corps ayant un drapeau ou étendard, ont une sentinelle tirée des compagnies du centre.

honneurs le jour de leur prise de possession, ou première entrée ; mais ils n'ont, le jour de leur arrivée, qu'une garde, commandée par un lieutenant, ou sous-lieutenant de quarante hommes tirés des compagnies du centre pour un archevêque, et de trente hommes pour un évêque. En tout temps, ils ont une sentinelle tirée des compagnies du centre.

Préfets.

319. Lorsque les préfets font leur première entrée dans le chef-lieu ou visitent pour la première fois une ville du département, les troupes sont en bataille sur leur passage. Elles portent les armes. Les officiers supérieurs ou autres et les drapeaux et étendards ne saluent pas. Les tambours, clairons et trompettes sont prêts à battre ou à sonner.

En tout temps, un poste de dix hommes tirés des compagnies du centre, commandé par un sergent, est établi à l'hôtel de la préfecture. Il fournit une sentinelle.

Présidents de cours d'assises.

320. Les présidents de cours d'assises ont droit à une sentinelle tirée des compagnies du centre, pendant toute la durée de la session des assises.

Majors généraux de la marine. — Commandants de place. — Chefs de corps de troupe.

321. Les majors généraux de la marine, les commandants de place, les colonels des corps de troupe et les autres chefs de corps ayant un drapeau ou étendard, ont une sentinelle tirée des compagnies du centre.

A Leurs Majestés,
Au Prince Impérial,
Aux Princes français,
Aux ministres de la guerre et de la marine,
Aux maréchaux et amiraux,
Aux généraux de division et vice-amiraux,
Aux généraux de brigade et contre-amiranx,
Aux officiers supérieurs exerçant titulairement un comman-
dement territorial.

Les chefs de corps et les officiers placés, à quelque
titre que ce soit, à la tête d'une troupe, font aussi défiler
cette troupe ; mais ils commandent eux-mêmes le défilé,
qui n'a pas, dans ce cas, le caractère que lui attribue
le paragraphe précédent.

Lorsque les troupes défilent :

Devant Leurs Majesté,
le Prince Impérial,
les Princes français,

Les commandants des troupes, quelque soit leur grade, les officiers supérieurs et officiers de tout grade saluent de l'épée ou du sabre.
Les drapeaux et étendards saluent.

Devant les ministres de la guerre ou de la marine,
les maréchaux ou amiraux,
les généraux de divi-
sion ou vice-ami-
raux commandants
en chef,
les généraux de divi-
sion commandants
territoriaux,
les préfets maritimes,
les généraux de divi-
sion inspecteurs
généraux,

Les commandants des troupes et les officiers supérieurs, seulement, saluent de l'épée ou du sabre.
Les drapeaux et étendards saluent. Toutefois le salut des drapeaux et étendards n'est attribué aux généraux de division inspecteurs géné-
raux que la première et la dernière fois qu'ils voient les troupes, et les seuls commandants des troupes les saluent de l'épée ou du sabre.

Devant les généraux de bri-gade commandants territoriaux, les généraux de bri-gade inspecteurs généraux,	Les officiers supérieurs ne les saluent que lors de leurs prise de possession ou première entrée dans une place, s'ils sont commandants territoriaux ou préfets maritimes, ou la première et la dernière fois qu'ils voient les troupes, s'ils sont inspecteurs généraux. Les drapeaux et étendards ne saluent pas.
Devant les généraux de bri-gade et contre-ami-raux employés.	Les commandants des troupes les saluent de l'épée ou du sabre. Les officiers supérieurs, drapeaux et étendards ne saluent pas.

En défilant, les médecins militaires, vétérinaires, chefs de musique et chefs armuriers attachés aux corps de troupe ne saluent pas. Ils gardent l'épée ou le sabre au fourreau.

Les fonctionnaires de l'intendance, les médecins, pharmaciens et autres employés militaires, soit qu'ils appartiennent au service territorial, soit qu'ils soient attachés à des troupes organisées activement, qui ont été convoqués pour les revues par les officiers généraux commandants, ne défilent pas.

Pendant la revue, ils se groupent sur le terrain, faisant face au centre du front des troupes. Pendant le défilé, ils s'établissent avec les divers officiers sans troupe convoqués pour la revue, suivant l'ordre déterminé à l'article 306, à quelques pas en arrière de l'officier général devant lequel les troupes défilent, et du côté opposé à leur arrivée. Ces règles sont applicables aux revues passées par l'Empereur, par le ministre de la guerre, un maréchal de France ou un général de division commandant en chef.

Devant les généraux de brigade commandants territoriaux, les généraux de brigade inspecteurs généraux,	Les officiers supérieurs ne les saluent que lors de leurs prise de possession ou première entrée dans une place, s'ils sont commandants territoriaux ou préfets maritimes, ou la première et la dernière fois qu'ils voient les troupes, s'ils sont inspecteurs généraux. Les drapeaux et étendards ne saluent pas.
Devant les généraux de brigade et contre-amiraux employés.	Les commandants des troupes les saluent de l'épée ou du sabre. Les officiers supérieurs, drapeaux et étendards ne saluent pas.

En défilant, les médecins militaires, vétérinaires, chefs de musique et chefs armuriers attachés aux corps de troupe ne saluent pas. Ils gardent l'épée ou le sabre au fourreau.

Les fonctionnaires de l'intendance, les médecins, pharmaciens et autres employés militaires, soit qu'ils appartiennent au service territorial, soit qu'ils soient attachés à des troupes organisées activement, qui ont été convoqués pour les revues par les officiers généraux commandants, ne défilent pas.

Pendant la revue, ils se groupent sur le terrain, faisant face au centre du front des troupes. Pendant le défilé, ils s'établissent avec les divers officiers sans troupe convoqués pour la revue, suivant l'ordre déterminé à l'article 306, à quelques pas en arrière de l'officier général devant lequel les troupes défilent, et du côté opposé à leur arrivée. Ces règles sont applicables aux revues passées par l'Empereur, par le ministre de la guerre, un maréchal de France ou un général de division commandant en chef.

Honneurs à rendre par les troupes pendant le service religieux.

326. Lorsqu'une troupe est commandée pour assister en armes au service religieux, elle entre dans l'église en marchant par le flanc, les armes descendues. Les deux rangs se partagent dans la nef, se plaçant à droite et à gauche de manière à en laisser le milieu libre. Ils se font face et se reposent sur les armes. Les officiers, sous-officiers et soldats restent couverts. Ils ne rendent, pendant tout le temps de leur séjour dans l'église, aucun honneur individuel.

Un caporal et deux hommes sont détachés pour entourer l'autel, le caporal lui faisant face.

La troupe porte les armes *au commencement de la Messe,* et se repose sur les armes un instant après.

A l'Évangile, la troupe porte les armes. Dès qu'il est terminé, elle se repose sur les armes.

A l'Elévation, la troupe porte et présente les armes, met le genou droit à terre et porte la main droite à la coiffure. Les tambours ou clairons battent ou sonnent aux champs, les trompettes sonnent la marche. Après l'élévation, la troupe se relève au commandement *Debout !* porte les armes et se repose sur les armes.

A la Communion, la troupe porte les armes et se repose sur les armes immédiatement après.

Au *Domine salvum,* elle porte les armes.

Des hommes placés autour de l'autel exécutent les mêmes mouvements que la troupe.

Le service terminé, ces hommes rejoignent. La troupe fait par le flanc droit et par le flanc gauche par file à gauche et par file à droite, se retire, les armes descendues, se reforme à la sortie de l'église et met l'arme au bras.

La musique assiste toujours au service. Pendant sa durée, elle fait entendre des airs convenablement choisis de musique religieuse.

Honneurs à rendre par les postes, gardes et piquets.

Le saint sacrement.

327. La garde prend les armes ou monte à cheval, se forme en bataille, présente les armes, les tambours et clairons battent ou sonnent aux champs, les trompettes sonnent la marche, les officiers saluent de l'épée ou du sabre, les hommes dans le rang (infanterie) mettent à terre le genou droit et portent la main droite à la coiffure.

Quand le saint sacrement passe à la vue d'un poste.

Il est fourni du premier poste devant lequel passe le saint sacrement deux soldats pour son escorte. Ils marchent l'arme dans le bras droit et sont relevés de poste en poste.

Leurs Majestés. Le Prince impérial.

328. La garde prend les armes ou monte à cheval, se forme en bataille, présente les armes, les tambours ou clairons battent ou sonnent aux champs, les trompettes

sonnent la marche, les officiers saluent de l'épée ou du sabre :

Quand leurs Majestés,
le Prince Impérial,

passent devant un poste.

Les princes, les ministres, etc

329. La garde prend les armes ou monte à cheval, se forme en bataille, porte les armes, les tambours et clairons battent ou sonnent aux champs, les trompettes sonnent la marche.

Pour les princes français,
les ministres,
les maréchaux ou amiraux,
une troupe en armes.

Cardinaux, généraux de division, vice-amiraux, archevêques et évêques, etc.

330. La garde prend les armes ou monte à cheval, se forme en bataille, porte les armes ; les tambours, clairons et trompettes battent ou sonnent le rappel :

Pour les cardinaux,
les généraux de division et vice-amiraux,
les préfets maritimes,
les archevêques ou évêques,
le sénat,
le corps législatif,
le conseil d'Etat,
la cour de cassation,   réunis en costume officiel.
la cour des comptes,
les cours impériales,

Généraux de brigade et contre-amiraux.

331. La garde prend les armes ou monte à cheval, se forme en bataille, porte les armes; les tambours, clairons ou trompettes sont prêts à battre ou à sonner :

Pour les généraux de brigade et contre-amiraux.

Majors généraux de la marine, commandants de place, etc.

332. La garde prend les armes ou monte à cheval, se forme en bataille, l'arme au pied ou le sabre au fourneau; les tambours clairons ou trompettes sont p rêts à battre ou à sonner :

Pour les majors généraux de la marine qui ne sont pas contre-amiraux.

les commandants de place,

les cours d'assises,

les tribunaux de première instance,

les tribunaux de commerce,

les corps municipaux.

Préfets.

333. La garde prend les armes ou monte à cheval, porte les armes, les tambours, clairons et trompettes sont prêts à battre ou à sonner :

Pour le préfet, en costume officiel, lors de son entrée en fonctions, de ses tournées dans les villes du département, et lorsqu'il se rend avec son escorte à une cérémonie publique.

Toutes les fois qu'il sort de la préfecture en costume officiel, sa garde lui rend les mêmes honneurs.

Gardes de police.

334. La garde de police sort sans armes et se forme en bataille, quand le chef de corps passe devant elle. Elle prend les armes et rend les honneurs quand un officier général se présente pour visiter le quartier.

Piquets.

335. Les piquets, les gardes ou postes réunis accidentellement pour un service spécial (les gardes d'honneur exceptées) se conforment, pour les honneurs à rendre, aux dispositions ci-dessus.

Gardes d'honneur.

336. Les gardes d'honneur ne rendent d'honneurs qu'au saint sacrement, à la personne auprès de laquelle elles sont placées, à celles qui lui sont supérieures ou égales en rang, au major général de la marine et au commandant de place.

Troupes en armes.

337. Lorsqu'une troupe en armes passe devant un poste, la garde sort, se forme en bataille et porte les armes. Les tambours et clairons battent ou sonnent aux champs, les trompettes sonnent la marche.

Honneurs à rendre par les sentinelles, plantons, etc.

338. Les sentinelles s'arrêtent et font face en tête pour rendre les honneurs, dès que le corps ou la personne à

qui ils sont dus est arrivé à cinq pas d'elles. Elles restent dans cette position jusqu'à ce qu'elles aient été dépassées de cinq pas.

Elles présentent les armes :

Présentation des armes.

Au saint sacrement,
A Leurs Majestés,
Au Prince Impérial,
Aux Princes français,
Aux ministres,
Aux sénateurs,
Aux députés au corps législatif,
Aux conseillers d'État,
Aux cardinaux, archevêques et évêques,
Aux maréchaux et amiraux,
Aux grands croix, ⎫
Aux grands officiers, ⎬ de la Légion d'honneur,
Aux commandeurs, ⎭
Aux préfets maritimes,
Aux officiers généraux et supérieurs,
Aux intendants généraux inspecteurs, intendants et sous-intendants militaires,
Aux préfets,
Aux inspecteurs généraux, directeurs, ingénieurs en chef, ingénieurs des constructions navales et hydrographes de la marine,
Aux commissaires généraux, commissaires, adjoints, inspecteurs en chef. inspecteurs adjoints des services administratifs de la marine,
Aux médecins et pharmaciens inspecteurs et principaux de l'armée,
A l'inspecteur général, aux directeurs du service de santé aux officiers de santé en chef, professeurs du service de santé et chirurgiens principaux de la marine,

Aux examinateurs de l'école navale et des écoles d'hydrographie,

A l'aumônier en chef de la marine et aux aumôniers supérieurs de l'armée.

Port des armes.

339. Elles portent les armes :

Aux officiers et chevaliers de la Légion d'honneur,

Aux capitaines, lieutenants et sous-lieutenants,

Aux lieutenants et enseignes de vaisseau et aspirants de première classe de la marine,

Aux adjoints à l'intendance militaire,

Aux sous-ingénieurs de la marine (constructions navales et hydrographie),

Aux ingénieurs des travaux hydrauliques de l'armée,

Aux sous-commissaires et aides-commissaires de la marine,

Aux médecins et pharmaciens-majors et aides-majors de la marine,

Aux chirurgiens et pharmaciens de première et deuxième classe de la marine,

Aux mécaniciens en chef et principaux de première et de deuxième classe de la marine,

Aux officiers d'administration de l'armée,

Aux agents principaux des directions de travaux et des services administratifs de la marine,

Aux professeurs de l'école navale et des écoles d'hydrographie.

Aux vétérinaires de l'armée,

Aux aumôniers de l'armée de la marine,

Aux trésoriers des invalides de la marine,

Aux interprètes principaux.

Immobilité sous les armes.

340. Les sentinelles gardent l'immobilité, la main dans le rang, l'arme au bras ou l'arme au pied :

Pour les officiers de tout grade en tenue du matin (armée de terre),

les officiers de tout grade sans épaulettes ou broderies (armée de mer),

les adjudants d'administration,

les aide-vétérinaires,

les chefs de musique,

les interprètes,

les gardes et autres employés de l'artillerie, de génie et des équipages, les aspirants de deuxième classe de la marine,

les sous-officiers des armées de terre et de mer,

les caporaux,

les brigadiers,   décorés
                                   de la
les quartiers - maîtres   Médaillle militaire.
de la marine,

les soldats ou marins,

Plantons et ordonnances.

341. En passant près des officiers de tout grade, les sous-officiers, caporaux et soldats de planton ou envoyés en ordonnance portent l'arme dans le bras droit sans s'arrêter.

Escortes d'honneur.

Pour obtenir une escorte, c'est au colonel qu'il faut s'adresser, s'il y a un régiment en garnison dans la ville, et au commandant de place, s'il y en a plusieurs. Dans les tribunaux, c'est le chef du parquet qui informe, la veille et par écrit, le chef militaire qui doit fournir l'escorte.

Le commandant d'une escorte doit se trouver au rendez-vous à l'heure prescrite, avec sa troupe ; il doit la maintenir dans le meilleur ordre et la meilleur tenue. Il va, en arrivant, prendre les ordres de la personne qu'il doit accompagner ou qui préside à la cérémonie, à moins qu'il ne se trouve un officier ou fonctionnaire chargé de le recevoir et de lui en donner.

La troupe doit être en bataille et sous les armes, devant le logement occupé par la personne ou le cortége à escorter au moment où cette personne ou ce cortége se met en marche, la troupe se met aussi en mouvement, et le commandant se conforme aux instructions qui lui ont été données sur l'ordre de la marche. Il veille à ce que chaque homme de l'escorte se tienne à son rang, et se comporte avec la décence, le respect et les égards convenables. Son service fini, il ne se retire qu'après avoir de nouveau pris les ordres de la personne qu'il a escortée, ou qui présidait à la cérémonie. (*Ordonnance du 2 nov.* 1833, *Service intérieur des corps.*)

Le saint sacrement.

342. Quand des processions du saint sacrement ont lieu dans les villes où elles sont autorisées, les troupes sont formées en bataille sur les places où la procession doit passer, suivant l'ordre déterminé par l'article 296 fixant le rang des troupes.

Deux compagnies d'élite escortent le saint sacrement. A défaut d'infanterie, l'escorte est fournie par des détachements de troupes à cheval faisant le service à pied.

Ces troupes marchent en file sur un rang, à droite et à gauche du dais.

L'Empereur.

343. Lorsque l'Empereur fait son entrée dans une ville, toute la gendarmerie et les troupes à cheval vont au-devant de Sa Majesté, à deux kilomètres, et l'escortent jusqu'à la résidence impériale.

Au départ de l'Empereur, la gendarmerie et les troupes à cheval le reconduisent dans le même ordre, jusqu'à la même distance.

Pour l'entrée de Sa Majesté dans les camps à l'intérieur, l'escorte est composée de la gendarmerie formant la prévôté et d'une brigade de troupes à cheval.

L'Impératrice et le Prince Impérial.

344. Les mêmes règles reçoivent application pour l'arrivée dans une place ou dans les camps à l'intérieur et pour le départ de Sa Majesté l'Impératrice et du Prince Impérial.

Les Princes français, les ministres, etc., etc.

345. L'escorte d'honneur va jusqu'à un kilomètre de la ville pour les Princes français, les ministres et amiraux, et jusqu'à cinq cents mètres pour tous les autres fonctionnaires.

L'escorte se compose.

Pour les Princes français :

De toute la gendarmerie et d'un régiment de troupes à cheval;

Pour le ministre de la guerre — et pour le ministre de la marine, dans les places qui sont ports de la marine impériale :

De cinq brigades de gendarmerie commandées par un chef d'escadron et de deux escadrons de troupes à cheval commandés par un chef d'escadron ;

Pour les autres ministres,
   les maréchaux et amiraux,
   les généraux de division commandants en chef, dans l'étendue de leur commandement,
   les vice-amiraux commandants en chef, dans les places qui sont ports de la marine impériale,
   le jour de leur prise de possession ou de leur première entrée :

De cinq brigades de gendarmerie commandées par un capitaine, et d'un escadron de troupes à cheval commandé par un capitaine ;

Pour les généraux de division commandants en chef, hors de de l'étendue de leur commandement,
   les vice-amiraux commandants en chef, dans les places qui ne sont pas ports de la marine impériale,
   les généraux de division commandants territoriaux,
   les préfets maritimes, le jour de leur prise de possession ou de leur première entrée :

De trois brigades de gendarmerie commandées par un lieutenant, et de deux pelotons de troupes à cheval commandés par un lieutenant ;

Pour les cardinaux-archevêques ou évêques,
   les archevêques et les évêques, le jour de leur prise de possession ou de leur première entrée :

De deux pelotons de troupes à cheval commandés par un lieutenant;

Pour les généraux de division et généraux de brigade, inspecteurs généraux de gendarmerie :

De trois brigades de gendarmerie à cheval commandées par un lieutenant;

Pour les généraux de division et généraux de brigade, inspecteurs généraux d'armes, la première et la dernière fois qu'ils voient les troupes :

D'un peloton de troupes à cheval, commandé par un lieutenant ou sous-lieutenant;

Pour les préfets le jour de leur prise de possession :

De deux brigades de gendarmerie à cheval, commandées par un lieutenant. En outre, pendant leurs tournées dans le département, les préfets peuvent être escortés par deux gendarmes;

Pour les présidents de cours d'assises les jours de leur entrée :

D'une brigade de gendarmerie.

Escortes des autorités territoriales dans les cérémonies publiques.

346. Dans les cérémonies publiques, les maréchaux de France et généraux de division investis d'un commandement territorial, les préfets maritimes et les préfets peuvent avoir, au chef-lieu de leur commandement ou de leur administration, une escorte d'honneur, qui se compose;

Pour les maréchaux :

De deux compagnies d'infanterie, commandées par un capitaine ;

Pour les généraux de division et préfets maritimes :

D'une compagnie d'infanterie, commandée par un capitaine ;

Pour les préfets :

D'une section d'infanterie, commandée par un lieutenant ou sous-lieutenant.

Le sénat, le corps législatif, le conseil d'État, etc., etc.

347. Lorsque les grands corps de l'État et les cours de justice se rendent en corps auprès de l'Empereur ou à une cérémonie publique, ils sont escortés par une garde à cheval; à défaut, par une garde à pied, qui est répartie en avant, en arrière et sur les flancs du cortége. Ces escortes se composent :

Pour le sénat,
le corps législatif,
le conseil d'État ·

D'un escadron de troupes à cheval ;

Pour la cour de cassation,
la cour des comptes :

De trois pelotons de troupes à cheval ;

Pour les cours impériales :

De deux pelotons ;

Pour les cours d'assises :

D'un peloton ;

Pour les tribunaux de première instance,
les tribunaux de commerce,
les corps municipaux :

D'un demi-peloton.

348. A défaut de troupes de ligne, la gendarmerie fournit une escorte d'honneur :

De deux brigades aux cours impériales,
D'une brigade aux cours d'assises,
De deux gendarmes aux tribunaux de première instance.

Salves d'artillerie (1).

Leurs Majestés et le Prince Impérial.

349. Dans les places et camps à l'intérieur, il est tiré cent un coups de canon à l'arrivée et au départ de Leurs Majestés et du Prince Impérial.

Princes français, ministres.

350. Dans les mêmes circonstances, il est tiré :

Pour les Princes français.............. 21 coups de canon.
Pour le ministre de la guerre et pour
le ministre de la marine, dans les
places qui sont ports de la marine
impériale 19
Pour les autres ministres........... 15

(1) Voir l'article 375 pour les salves tirées à titre d'honneurs funèbres.

Maréchaux, cardinaux, généraux de division, etc.

351. Lors de leur prise de possession ou de leur première entrée, il est tiré :

Pour les maréchaux de France ou
   amiraux........................ 13 coups de canon.
  les cardinaux - archevêques ou
    évêques.................... 12
  les généraux de division et vice-
    amiraux commandants en chef. 11
  les généraux de division com-
    mandants territoriaux......
  les préfets maritimes......... } 5
  les archevêques et évêques...

Mot d'ordre.

Dispositions générales.

352. Partout où se trouve l'Empereur, Sa Majesté donne le mot. Les ministres de la guerre et de la marine le transmettent à leurs subordonnés respectifs. En l'absence de ces ministres, le mot est porté aux maréchaux et amiraux directement. Il est envoyé aux autres commandants militaires et maritimes par l'aide de camp de service.

Autorités militaires qui donnent le mot.

353. Là où ne se trouve pas Sa Majesté, le mot est donné, suivant le cas, dans l'ordre ci-après :

Par le Prince Impérial,
  les Princes français revêtus d'un grade dans l'armée, quand
    ils ne sont pas employés en sous-ordre,
  les ministres de la guerre ou de la marine,
  les maréchaux ou amiraux,
  les généraux commandants territoriaux ou préfets maritimes,
  les commandants de place.

Cas d'égalité de grade.

354. A égalité de grade, le mot est donné par celle des autorités militaires présentes qui a la supériorité de l'ancienneté.

Port du mot d'ordre.

355. Le mot est porté :

Au Prince Impérial................	par un officier général.
Aux Princes français..............	par un officier supérieur.
Aux ministres, maréchaux ou amiraux.	par un capitaine.
Aux généraux de division ou vice-amiraux	par un lieutenant ou sous-lieutenant.
Aux préfets maritimes...............	
Aux intendants généraux inspecteurs...........................	
Aux généraux de brigade ou contre-amiraux	
Aux intendants divisionnaires.......	
Aux inspecteurs du service de santé de l'armée...................	
Aux chefs des différents services des ports et arsenaux de la marine...	
Aux préfets......................	
Aux présidents de cours d'assises...	
Aux majors généraux de la marine..	par un sous-officier.
Aux commandants de place.........	
Aux chefs de corps en station dans la place.......................	
Au commandant de l'artillerie et au chef de génie	
Au commandant de la gendarmerie..	
Au sous-intendant militaire (de la classe la plus élevée ou le plus ancien), quand il n'y a pas d'intendant dans la place..............	
Aux chefs du service actif des douanes.	

Quand le commandant de la gendarmerie ou le chef
du service des douanes est sous-officier, il prend le mot
d'ordre à l'état-major de la place.

Visites individuelles.

Dispositions générales.

356. Les officiers généraux et hauts fonctionnaires
des divers services de la guerre et de la marine se doivent réciproquement des visites.

Elles ont lieu lorsqu'ils prennent possession de leurs
commandements ou fonctions, ou quand ils arrivent sur
les lieux, étant en mission.

La première visite est faite par l'inférieur en grade
ou en rang, et, à égalité de grade ou de rang, par l'arrivant. Toutefois, à égalité de grade ou de rang, le commandant terrioral ou le préfet maritime reçoit toujours
la première visite.

Les visites sont rendues dans les vingt-quatre heures.

A quelles autorités les visites individuelles sont dues.

357. Tout officier, fonctionnaire ou employé, en mission ou venant prendre possession d'un emploi dans la
place ou dans le port, doit, à son arrivé, faire visite :
    Aux maréchaux et amiraux,
    Aux officiers généraux,
    Aux préfets maritimes,
    Aux intendants généraux inspecteurs,
    Aux intendants militaires,
    Aux majors généraux de la marine,
    Aux commandants de la place.
Toutefois, les obligations réciproques des officiers,

fonctionnaires et employés des armées de terre et de mer, en ce qui concerne cette visite, sont subordonnées à la restriction consacrée par l'article 300 pour les visites de corps.

Saluts.

358. Tout inférieur, dans l'ordre hiérarchiqne, doit le salut à son supérieur.

Dans le service, tout fonctionnaire ou omployé doit le salut à l'officier revêtu de ses insignes qui est son supérieur ou son égal en rang.

Les cent-gardes et les gendarmes, en raison de la nature de leur recrutement, ne doivent pas le salut aux sous-officiers, caporaux et brigadiers étrangers à leurs corps.

Prescriptions générales et principes relatifs aux honneurs.

Les honneurs rendus du lever au coucher du soleil.

386. Les honneurs militaires ne se rendent que du lever au coucher du soleil.

Les honneurs ne se cumulent pas.

387. Les honneurs militaires ne se cumulent pas. A toute personne revêtue à la fois de plusieurs titres dans les fonctions publiques il n'est attribué que les honneurs qui appartiennent à la plus élevée de ses fonctions.

Honneurs des intérimaires et des assimilés.

388. Un officier ou fonctionnaire remplaçant son supérieur à titre intérimaire ou provisoire n'a droit ni au

rang ni aux honneurs attribués au titulaire qu'il supplée.

Les fonctionnaires des armées de terre et de mer auxquels des règlements spéciaux auraient assigné le même rang qu'à certains officiers ne peuvent prétendre aux mêmes honneurs.

Gardes d'honneur auprès des officiers généraux des armées de terre et de mer.

389. Les articles 308 et suivants ont énuméré les personnes à qui sont dues des gardes d'honneur. Le service de ces gardes a été défini par les articles 56 et 335. Elles sont, autant que possible, fournies aux officiers généraux des armées de terre et de mer par les troupes de leurs départements respectifs. En cas d'insuffisance numérique des troupes de l'un des deux départements, l'autre y pourvoit.

Le service des honneurs subordonné à l'actif des garnisons.

390. Les prescriptions du présent décret, quant à l'effectif des troupes ou détachements marchant pour rendre les honneurs et au nombre des sentinelles fournie au même titre, sont subordonnées dans l'application aux ressources des garnisons et aux nécessités du service général.

Service des honneurs dévolu aux troupes à pied.

391. Le service des honneurs est fait, de préférence, par les troupes à pied.

Costume officiel. — Visites du jour de l'an. — Drapeaux
et étendards.

392. Les visites de corps et autres sont toujours faites,
et rendues quand il y a lieu de les rendre, en uniforme
ou en costume officiel.

Les honneurs, quels qu'ils soient, ne sont rendus
qu'aux personnes revêtues de l'uniforme, du costume
officiel ou portant leurs décorations. (*Légion d'honneur.*
— *Médaille militaire.*)

Hors le cas d'une convocation officielle de la part de
la première autorité locale, les visites à l'occasion du
jour de l'an sont purement facultatives.

En toutes circonstances, les drapeaux et étendards ne
sortent qu'avec les chefs de corps.

Dispositions particulières à la ville de Paris et aux grands
centres militaires.

393. Dans la capitale, les visites de corps et les visites
individuelles ne sont faites qu'aux autorités sous les
ordres desquelles les corps ou les personnes qui doivent
la visite sont directement placés.

A Paris, hors les cas spécialement réglés par l'autorité
supérieure dans les places qui renferment une nom-
breuse garnison et dans les camps à l'intérieur, les
termes « tout, moitié et tiers de la garnison » doivent
s'entendre de l'équivalent : pour le premier cas, d'une
division ; pour le deuxième, d'une brigade ; pour le
troisième de la moitié d'une brigade comprenant autant
que possible, des détachements des différentes armes.

Honneurs qui ne doivent être rendus que par ordre supérieur.

394. Les honneurs déterminés par les articles 308 et suivants, 343 et suivants, 349 et suivants sont rendus :

A l'Empereur,
A l'Impératrice,
Au Prince Impérial,
Aux Princes français,
Aux cardinaux-archevêques et évêques,
Aux ministres,
Aux maréchaux et amiraux qui n'ont pas de commandement,
Aux archevêques et évêques,

sur l'ordre des ministres de la guerre ou de la marine.

Il en est de même des honneurs funèbres attribués aux Princes français, aux cardinaux, aux ministres, aux maréchaux et aux amiraux.

Souverains étrangers, corps diplomatique.

395. Les honneurs sont rendus aux souverains et princes étrangers et aux membres du corps diplomatique, sur l'ordre des ministres de la guerre ou de la marine, et d'après une communication du ministre des affaires étrangères.

Interdiction d'exiger des honneurs particuliers.

396. Il est interdit d'exiger ou de rendre d'autres honneurs militaires que ceux que le présent décret a déterminés.

LES HONNEURS MARITIMES.

Hiérarchie maritime

Au sommet de la hiérarchie maritime se trouve le ministre qui dirige le service de la marine, assisté de deux conseils : le conseil de l'amirauté et le conseil des travaux.

Le conseil d'amirauté se compose de membres titulaires et de membres adjoints nommés pour trois ans.

Le conseil des travaux est composé ainsi : un vice-amiral, président; trois officiers généraux ou supérieurs de la marine; l'inspecteur général du génie maritime, le directeur des constructions navales et deux officiers supérieurs du même service; l'inspecteur général du matériel de l'artillerie de la marine et un officier du même service, l'inspecteur général des travaux hydrauliques et un inspecteur divisionnaire ou un ingénieur du même service.

Le corps impérial de la marine comprend des amiraux, des vice-amiraux, des contre-amiraux, des capitaines de vaisseau, des capitaines de frégate, des lieutenants de vaisseau, des enseignes et des aspirants de 1re et 2e classe.

La dignité d'amiral équivaut à la dignité de maréchal de France.

Les différents grades de l'armée navale correspondent ainsi aux grades de l'armée de terre :

Les vice-amiraux prennent rang avec les généraux de division ;

Les contre-amiraux avec les généraux de brigade ;

Les capitaines de vaisseau avec les colonels ;

Les capitaines de frégate avec les lieutenants-colonels ;

Les lieutenants de vaisseau avec les capitaines ;

Les enseignes avec les lieutenants.

Les services administratifs de la marine comprennent les corps du commissariat de la marine, — de l'inspection des services administratifs, — du génie maritime, — des ingénieurs hydrographes, — des ingénieurs des ponts-et-chaussées, — des officiers de santé, — des agents des directions de travaux, — des agents comptables des matières, — des aumôniers.

Les commissaires généraux prennent rang après les contre-amiraux, et les généraux de brigade avant les capitaines de vaisseau et les colonels ; les commissaires, avec les capitaines de vaisseau et les colonels ; les commissaires-adjoints, avec les chefs de bataillon ; les sous-commissaires, avec les lieutenants de vaisseau et les capitaines ; les aides-commissaires, avec les enseignes de vaisseau.

Le corps de l'inspection de la marine se compose d'inspecteurs en chef, d'inspecteurs et d'inspecteurs-adjoints.

L'assimilation des grades des officiers de l'inspection est la même que celle des officiers du commissariat. Les inspecteurs en chef prennent rang avec les commissaires généraux, à date de brevet dans le grade, sans distinction de classe. Les inspecteurs prennent rang avec les commissaires, les inspecteurs-adjoints avec les commissaires adjoints.

Le cadre du corps du génie comporte un inspecteur général, des directeurs de constructions navales, des ingénieurs, des sous-ingénieurs et des élèves.

L'assimilation des grades est ainsi fixé : l'inspecteur général prend rang avec les contre-amiraux ; les directeurs des constructions navales, après les contre-amiraux, avant les capitaines de vaisseau, avec les commissaires généraux ; les ingénieurs de première classe prennent rang avec les capitaines de vaisseau et les commissaires ; les ingénieurs de deuxième classe, avec les capitaines de frégate ; les sous-ingénieurs de première et de deuxième classe, avec les lieutenants de vaisseau et les sous-commissaires ; les sous-ingénieurs de troisième classe, avec les enseignes de vaisseau et les aides-commissaires ; les élèves, avec les aspirants de première classe.

Le corps des officiers de santé de la marine se compose d'un inspecteur général, de trois directeurs du service de santé, de médecins, chirurgiens et pharmaciens en chef, de médecins, chirurgiens et pharmaciens professeurs, de chirurgiens principaux, de chirurgiens, de pharmaciens de première, deuxième et troisième classes.

. L'Inspecteur général prend rang avec les contre-amiraux ; les directeurs, avec les commissaires généraux ; les premiers médecins, chirurgiens et pharmaciens en chef, avec les capitaines de vaisseau ; les seconds méde-

cins en chef, avec les capitaines de frégate ; les professeurs et chirurgiens principaux, avec les chefs de bataillon
et les commissaires-adjoints ; les chirurgiens et pharmaciens de première classe, avec les lieutenants de vaisseau ;
les chirurgiens de deuxième classe sont assimilés aux
enseignes, et les chirurgiens de troisième classe aux
aspirants de première classe.

Le cadre du personnel administratif des directions de
travaux comprend des agents administratifs principaux,
des agents et sous-agents administratifs, des commis et
des écrivains. Les agents administratifs principaux sont
assimilés aux commissaires-adjoints de la marine, les
agents administratifs aux sous-commissaires, les commis
et écrivains aux employés de même classe dans le corps
du commissariat.

Le corps des comptables de matières se compose
d'agents comptables principaux, d'agents comptables ;
et de sous-agents comptables les agents principaux sont
assimilés aux commissaires-adjoints, les agents comptables aux sous-commissaires, et les sous-agents aux
aides-commissaires.

Les aumôniers sont sous la direction de l'aumônier
en chef de la flotte.

Le territoire maritime de la France est partagé en
cinq arrondissements, qui sont : Cherbourg, Brest,
Lorient, Rochefort et Toulon.

Le service de la marine, dans chaque arrondissements, est dirigé par un préfet maritime, ayant le rang
et jouissant des honneurs de vice-amiral commandant
en chef une escadre.

Hiérarchie et emplois attribués aux différents grades des équipages de la flotte.

Le premier degré de la hiérarchie militaire dans le personnel des équipages de la flotte comprend :

Les novices, les apprentis marins, les matelots, les ouvriers chauffeurs et les fourriers.

De jeunes garçons, sous la dénomination de mousses, sont attachés à ce personnel.

Il n'y a qu'une seule classe de fourriers, de novices, d'apprentis marins ou de mousses.

Les matelots et les ouvriers chauffeurs sont divisés en trois classes.

Les autres degrés de la hiérarchie militaire se composent des grades ci-après :

Quartiers-maîtres;

Seconds maîtres;

Maîtres ;

Premiers maîtres.

Ces différents grades sont divisés en deux classes.

Les premiers maîtres, maîtres et seconds maîtres de toutes professions sont seuls compris sous la désignation générique d'officiers mariniers.

Le grade de quartier-maître comprend les emplois de quartiers-maîtres de manœuvre, de canonnage, de timonerie, de quartiers-maîtres mécaniciens, de quartiers-maîtres de charpentage, de voilerie et de calfatage, ceux de caporaux d'armes et de caporaux-fourriers.

Le grade de seconds maîtres comprend les emplois de seconds maîtres de manœuvre, de canonnage, de timonerie, de seconds maîtres-mécaniciens, de seconds maîtres de charpentage, de voilerie et de calfatage, ainsi que ceux de sergents d'armes et de sergents-fourriers.

Le grade de maître comprend les emplois de maître de charpentage, de voilerie et de calfatage, ainsi que ceux de sergent-major.

Enfin le grade de premier maître comprend les emplois de premiers maîtres du manœuvre, de canonnage, de timonerie, de premiers maîtres mécaniciens et de ceux de capitaine d'armes.

A égalité de grade, les officiers mariniers et les quartiers-maîtres sont classés dans l'ordre suivant :

Canonnage ;

Mousqueterie ;

Timonerie ;

Mécaniciens ;

Charpentage ;

Voilerie ;

Calfatage ;

Les sergents-majors, les sergents et caporaux-fourriers et les fourriers ordinaires commandent, dans l'exercice de leurs fonctions, aux officiers mariniers, quartiers-maîtres et matelots auxquels ils sont assimilés.

Dans la même profession, le rang est déterminé par l'ancienneté de grade ; à égalité d'ancienneté de grade, précédent, ensuite par l'âge, et enfin par le sort.

Les apprentis marins, novices, matelots, quartiers-maîtres, officiers mariniers et autres exerçants à terre ou la mer les emplois ci-après désignés, prennent rang pendant la durée de leurs fonctions, savoir :

Les premiers chefs de musique des divisions, avec les premiers maîtres ;

Les pilotes côtiers. . . . .⎫
Les chefs de musique de bord. . .⎭ avec les maîtres.

Les maîtres tailleurs. . . . .⎫
Les maîtres forgerons et chaudron-⎪
niers. . . . .⎬ avec les seconds
Les maîtres tambours. . . . . . .⎪ maîtres.
Les maîtres clairons. . . . .⎪
Les seconds chefs de musique. . .⎭

(Décret impérial du 5 juin 1856 sur l'organisation des équipages de la flotte).

Des honneurs à rendre au pavillon national.

710. (1) 1. Lorsque, aux heures prescrites, on arbore ou on rentre le pavillon de poupe, la garde, rangée en haie, fait face à l'arrière du bâtiment et présente les armes, les tambours battent aux drapeaux, les factionnaires déchargent leurs armes.

2. Lorsqu'on arbore ou rentre le pavillon, les personnes qui sont sur le pont s'arrêtent, font face à l'arrière et se découvrent.

3. Le mouvement de hisser ou de haler bas le pavillon s'exécute lentement.

(1) Les numéros placés à la tête de chaque paragraphe indiquent les articles du décret du 15 août 1851, sur le service à bord des bâtiments de la flotte.

Des honneurs à rendre aux ministres.

712. 1. Lorsqu'un ministre arrive en rade, il est salué de dix-huit coups de canon par le bâtiment commandant.

2. Si le ministre monte à bord d'un bâtiment, il est reçu en haut de l'escalier extérieur par l'officier général commandant, par le capitaine et par l'officier en second; les autres officiers et les aspirants sont rangés près de cet escalier.

3. La garde porte les armes, et le tambour bat aux champs.

4. En outre, le pavillon carré national est arboré au grand mât de chaque bâtiment à bord duquel monte le ministre de la marine.

Des honneurs à rendre aux officiers de la marine.

Des honneurs à rendre aux amiraux et aux officiers généraux de la marine.

713. 1. Lorsqu'un amiral pourvu d'un commandement arrive en rade pour la première fois, il est salué de dix-sept coups de canon par le bâtiment commandant.

2. Il est reçu à bord du bâtiment qu'il doit monter, en haut de l'escalier extérieur, par l'officier général commandant et par tous les capitaines de l'armée. Les officiers et les aspirants du bâtiment se tiennent

près de cet escalier. L'équipage est rangé sur le pont.

3. La garde en haie, porte les armes et les tambours battent aux champs.

4. Au moment où il fait hisser pour la première fois son pavillon de commandement, ce pavillon est salué de dix-sept coups de canon par le bâtiment qu'il monte et de cinq cris de *Vive l'Empereur !* par une partie des équipages rangés sur les vergues à bord de tous les bâtiments de la rade.

5. Lorsque l'amiral quitte son commandement, il reçoit au moment de son départ les mêmes honneurs qu'à son arrivée.

6. Les mêmes honneurs lui sont également rendus lorsqu'il visite un bâtiment pour la première fois. Il est reçu en haut de l'escalier extérieur par l'officier général, s'il y en a un, le capitaine, l'officier en second, les officiers et les aspirants du bâtiment. Le salut à coups de canon a lieu quand il quitte le bâtiment ; les cris de *Vive l'Empereur !* ont lieu quand il monte à bord et quand il quitte le bâtiment.

7. Hors des ports de France, le salut est de dix-neu coups de canon.

714. 1. Lorsqu'un amiral non pourvu d'un commandement visite un bâtiment, il est salué à son départ, de quinze coups de canon.

2. Il est reçu à bord de ce bâtiment, en haut de l'escalier de commandement par l'officier général, par le capitaine et par l'officier en second. Les officiers et les aspirants du bâtiment se tiennent près de cet escalier.

3. La garde en haie porte les armes, et les tambours battent aux champs.

4. Hors des ports de France, le salut est de dix-sept coups de canon.

715.1. Lorsqu'un vice-amiral pourvu d'une commission de commandement d'amiral arrive en rade pour la première fois, il est salué de quinze coups de canon par le bâtiment commandant.

2. Lorsque ce vice-amiral hisse pour la première fois son pavillon de commandement, ce pavillon est salué de quinze coups de canon par le bâtiment qu'il monte, et de quatre cris de *Vive l'Empereur !* par une partie des équipages rangée sur les vergues à bord de tous les bâtiments.

3. Il est reçu à bord de son bâtiment, en haut de l'escalier extérieur, par les officiers généraux et les capitaines de la force navale qu'il commande. Les officiers et aspirants du bâtiment se tiennent près de cet escalier. L'équipage est rangé sur le pont.

4. La garde en haie porte les armes et les tambours battent aux champs.

5. Lorsqu'il quitte son commandement, il reçoit au moment de son départ les mêmes honneurs qu'à son arrivée.

6. Les mêmes honneurs lui sont également rendus lorsqu'ils visite un bâtiment pour la première fois. Il est reçu au haut de l'escalier extérieur par l'officier général, s'il y en a un, le capitaine, l'officier en second, les officiers et les aspirants. Le salut à coups de canon a lieu quand il quitte le bâtiment ; les

acclamations ont lieu quand il monte à bord et à son départ.

7. Hors des ports de France, le salut est toujours de dix-sept coups de canon.

716. 1. Lorsqu'un vice-amiral commandant en chef arbore pour la première fois sen pavillon, ce pavillon est salué de onze coups de canon par le bâtiment qui le porte et de trois cris de : *Vive l'Empereur !* par une partie des équipages rangée sur les vergues à bord de tous les bâtiments de la rade.

2. Ce vice-amiral est reçu pour la première fois à bord du bâtiment qui porte son pavillon, en haut de l'escalier extérieur, par les officiers généraux et les capitaines de la force navale sous ses ordres. Les officiers et les aspirants se tiennent près de cet escalier. L'équipage est rangé sur le pont.

3. La garde en haie porte les armes, et le tambour rappelle.

4. Lorsqu'il visite officiellement pour la première fois un des bâtiments faisant partie de la force navale qu'il commande, il reçoit les mêmes honneurs qu'à bord de son bâtiment. Il est reçu en haut de l'escalier extérieur par l'officier général, s'il y en a un, accompagné de son état-major général, par le capitaine, l'officier en second, les officiers et les aspirants. Le salut à coups de canon a lieu quand il quitte le bâtiment; les acclamations, quand il monte à bord et à son départ. Sa marque distinctive flotte en tête de mât pendant toute la durée de son séjour à bord, et toute autre marque distinctive est alors amenée à bord de ce bâtiment.

5. Le vice-amiral employé en sous-ordre est salué, au moment où il arbore son pavillon, de neuf coups de canon par le bâtiment qui porte ce pavillon, et sur tous les bâtiments de la rade de trois cris de : *Vive l'Empereur!* par une partie des équipages rangée sur les vergues.

6. Lorsqu'il monte à bord, la garde en haie porte les armes, et le tambour rappelle. Il est reçu en haut de l'escalier extérieur par le capitaine, l'officier en second, les officiers et les aspirants. L'équipage est rangé sur le pont.

7. Lorsqu'un vice-amiral employé en sous-ordre visite officiellement pour la première fois un bâtiment faisant partie de la force navale dans laquelle il sert, il est reçu en haut de l'escalier extérieur par l'officier général, s'il y en a un, par le capitaine, l'officier en second, les officiers et les aspirants. L'équipage est rangé sur le pont. Il est salué de neuf coups de canon quand il quitte le bâtiment, et de trois cris de : *Vive l'Empereur!* par une partie de l'équipage rangée sur les vergues, lorsqu'il monte à bord et à son départ. Sa marque distinctive flotte en tête de mât pendant la durée de son séjour à bord. Toute autre marque distinctive inférieure est amenée pendant le même temps. La garde haie porte les armes, et le tambour rappelle.

8. Lorsqu'un vice-amiral quitte son commandement ou cesse d'être employé dans une force navale, il reçoit à son départ les mêmes honneurs qu'à son arrivée.

9. Hors des ports de France, le nombre de coups de

canon prescrit par le présent article est augmenté de quatre.

717. 1. Le contre-amiral commandant en chef reçoit, lorsqu'il arbore son pavillon pour la première fois, ou lorsqu'il visite officiellement pour la première fois un des bâtiments faisant partie de son escadre ou de sa division, les mêmes honneurs que le vice-amiral commandant en chef dans les mêmes circonstances. Toutefois il n'est tiré que neuf coups de canon, et les hommes sur les vergues ne le saluent que de deux cris de *Vive l'Empereur !*

2. Le contre-amiral employé en sous-ordre reçoit lorsqu'il arbore son pavillon pour la première fois, ou lorsqu'il visite officiellement pour la première fois un des bâtiments faisant partie de la force navale dans laquelle il sert, les mêmes honneurs que le vice-amiral employé en sous-ordre dans les mêmes circonstances ; mais le salut n'est que de sept coups de canon, et les acclamations ne sont qu'au nombre de deux. Le tambour ne bat qu'un rappel de trois coups de baguette.

3. Lorsqu'un contre-amiral quitte son commandement ou cesse d'être employé dans une force navale, il reçoit à son départ les mêmes honneurs qu'à son arrivée.

4. Hors des ports de France, le nombre de coups de canon prescrit par le présent article est augmenté de quatre.

718. 1. Le chef de division commandant en chef reçoit, lorsqu'il arbore son guidon pour la première fois ou lorsqu'il visite officiellement pour la première fois

un des bâtiments de la division qu'il commande , les mêmes honneurs que le contre-amiral commandant en chef dans les mêmes circonstances. Toutefois il n'est tiré que cinq coups de canon ; les hommes sur les vergues ne le saluent que d'un cri de *Vive l'Empereur !* et cette acclamation n'a lieu qu'à bord des bâtiments de sa division. Le tambour est prêt à battre.

2. Les mêmes honneurs sont rendus au chef de division employé en sous-ordre ; mais il n'est tiré que trois coups de canon.

3. Lorsqu'un chef de division amène définitivement son guidon, il reçoit les mêmes honneurs que lorsqu'il a pris le commandement.

4. Hors des ports de France, le nombre de coups de canon prescrit par le présent article est augmenté de quatre.

819. Les officiers généraux remplissant les fonctions de chef d'état-major général d'une armée navale reçoivent à bord les honneurs attribués aux officiers de leur grade employés en sous-ordre.

720. Les officiers supérieurs et autres faisant partie, en chef ou en sous-ordre, des états-majors généraux embarqués, reçoivent les honneurs attribués aux officiers de leur grade commandant un bâtiment.

721. Lorsqu'un officier général portant son pavillon sur l'avant de son canot passe près d'un bâtiment de l'Etat, la garde prend les armes et le tambour bat aux champs ou rappelle, conformément à ce qui est prescrit pour les honneurs attribués à son grade.

Des honneurs à rendre aux officiers supérieurs et autres officiers
de vaisseau.

722. 1. Le capitaine de vaisseau commandant est reçu
à son bord, en haut de l'escalier extérieur, par l'officier en second et par les officiers et les aspirants de
quart; la garde est formée en haie l'arme au pied; le
tambour est prêt à battre.

2. Les mêmes honneurs lui sont rendus par la garde
à bord des autres bâtiments qu'il visite.

1. Il y est reçu par le capitaine et par les officiers de
quart.

723. 1. Le capitaine de frégate commandant est reçu
à son bord, en haut de l'escalier extérieur, par l'officier
en second et par les officiers et aspirants de quart; la
garde ne s'assemble pas.

2. A bord des bâtiments qu'il visite, il est reçu à l'escalier extérieur par les officiers de quart et par le capitaine du bâtiment. L'officier en second remplace le capitaine, si celui-ci est capitaine de vaisseau.

724. 1. Les lieutenants de vaisseau commandants sont
reçus à leur bord par l'officier en second et par les officiers et aspirants de quart.

2. A bord des autres bâtiments, ils sont reçus à
l'escalier extérieur par le capitaine du bâtiment, s'il
n'est pas officier supérieur, et par l'officier chef de
quart.

726. 1. Les officiers supérieurs et autres officiers non
commandants, ou qui ne sont pas attachés à un état-major
général, reçoivent les honneurs attribués aux officiers

commandants du grade immédiatement inférieur au leur.

2. Les enseignes de vaisseau sont reçus à bord par l'officier de quart le moins élevé en grade.

Des honneurs à rendre aux officiers pourvus de titres temporaires.

726. Lorsque les honneurs attribués aux gouverneurs et commandants des colonies n'ont pas été déterminés par des dispositions spéciales, ces gouverneurs ou commandants reçoivent à bord, dans l'étendue de leur commandement, les honneurs attribués au grade immédiatement supérieur à celui dont ils sont pourvus ou auquel ils sont assimilés.

727. Les préfets maritimes reçoivent à bord des bâtiments en rade les honneurs attribués aux vice-amiraux commandants en chef.

728. 1. Les officiers généraux de la marine inspecteurs généraux reçoivent à bord des bâtiments en rade les honneurs attribués aux officiers généraux de leur grade commandants en chef, lorsque ces derniers se rendent officiellement pour la première fois à bord d'un bâtiment placé sous leurs ordres.

2. Les officiers généraux de la marine non pourvus d'un commandement à la mer, ni chargés d'une inspection générale, mais annoncés officiellement par le ministre de la marine, reçoivent en rade les honneurs attribués aux officiers généraux de leur grade employés en sous-ordre, lorsque ces derniers se rendent officiellement pour la première fois à bord d'un bâtiment fai-

sant partie de la force navale à laquelle ils appartiennent.

729. 1. Les majors généraux des ports reçoivent à bord des bâtiments en rade les honneurs attribués aux contre-amiraux employés en sous-ordre.

2. Les officiers supérieurs et autres faisant partie des états-majors généraux des ports reçoivent les honneurs attribués aux officiers de leur grade.

Des honneurs à rendre aux officiers des différents corps de la marine autres que celui des officiers de vaisseau.

730. Les inspecteurs généraux des corps de la marine autres que celui des officiers de vaisseau, reçoivent à bord des bâtiments en rade les honneurs attribués aux officiers du grade auquel ils sont assimilés, lorsque ces officiers sont employés en sous-ordre.

731. Les officiers des corps de la marine, autres que celui des officiers de vaisseau, reçoivent à bord des bâtiments de l'État les honneurs attribués aux officiers du grade correspondant du corps de la marine, non commandants.

Des honneurs à rendre aux personnes qui n'appartiennent pas à la marine.

732. 1. Les maréchaux de France pourvus de lettres de services relatives à la marine reçoivent les honneurs attribués aux amiraux pourvus d'un commandement.

2. Ils reçoivent les mêmes honneurs à bord des bâtiments qu'ils visitent sur les rades comprises dans l'étendue de leur commandement, lorsque, sans avoir de lettres de service relatives à la marine, ils ont été annoncés officiellement par le ministre de la marine. Ils sont alors salués de quinze coups de canon.

3. Dans les rades situées hors des limites de leur commandement, les maréchaux de France non pourvus de lettres de service du département de la marine ou de celui de la guerre, mais annoncés officiellement par le ministre de la marine, reçoivent les honneurs attribués aux vice-amiraux pourvus d'une commission de commandement d'amiral.

733. 1. Les généraux de division pourvus du titre de commandant en chef reçoivent, dans l'étendue de leur commandement, les honneurs attribués aux vice-amiraux commandant en chef.

2. Dans les mêmes conditions, les autres officiers généraux de l'armée de terre sont salués à bord des bâtiments en rade, comme les officiers généraux de l'armée de mer employés en sous-ordre, selon la correspondance de leur grade.

734. 1. Dans les ports étrangers, lorsque les personnes désignées ci-après se transportent à bord des bâtiments de l'État, elles reçoivent les honneurs suivants :

Un ambassadeur de France est salué de dix-sept coups de canon; il est reçu en haut de l'escalier extérieur par le commandant en chef; la garde porte les armes et le tambour bat aux champs.

Les envoyés extraordinaires et ministres plénipotentiaires de France sont salués de treize coups de canon; ils sont reçus en haut de l'escalier par le commandant en chef; la garde porte les armes, et le tambour rappelle.

Les ministres résidents de France sont salués de onze coups de canon; ils sont reçus en haut de l'escalier par le commandant en chef; la garde porte les armes, et le tambour rappelle.

Les chargés d'affaires de France sont salués de neuf coups de canon; ils sont reçus en haut de l'escalier par le capitaine du bâtiment; la garde porte les armes, et le tambour fait un rappel de trois coups de baguettes.

Les consuls généraux de France sont salués de neuf coups de canon; ils sont reçus en haut de l'escalier par le capitaine du bâtiment ; la garde a l'arme au pied, et le tambour est prêt à battre.

Les consuls de France sont salués de sept coups de canon; ils sont reçus sur le gaillard d'arrière par le capitaine du bâtiment; la garde est formée en haie, et sans armes.

Les vice-consuls et agents consulaires de France nommés directement par le département des affaires étrangères sont salués de cinq coups de canon; ils sont reçus sur le gaillard d'arrière par l'officier en second du bâtiment; la garde ne s'assemble pas.

Les vice-consuls et agents consulaires de France nommés par les agents diplomatiques, par les consuls généraux et par les consuls peuvent être également salués de cinq coups de canon; ils sont reçus sur le gaillard d'arrière par l'officier en second du bâtiment ; la garde ne s'assemble pas.

2. Toutefois, les officiers commandant les bâtiments de l'État se conforment, quant au nombre de coups de canon, aux usage des pays où ils se trouvent pour les saluts à faire aux agents diplomatiques et consulaires de France.

3. Le ministre de la marine, de concert avec le ministre des affaires étrangères, peut, à raison des circonstances, déterminer les honneurs extraordinaires à rendre aux agents diplomatiques français.

735. 1. Ces honneurs sont rendus aux agents diplomatiques et consulaires désignés dans l'article précédent, lorsqu'ils font une visite officielle à bord des bâtiments de l'État, lorsqu'ils s'embarquent pour revenir en France, lorsqu'ils quittent le bâtiment qui les a conduits à leur destination en pays étranger, et lorsqu'il n'y a pas sur les lieux un agent d'un rang supérieur dans le même service public.

2. Il ne leur est rendu aucun des honneurs mentionnés en l'article précédent au port de leur embarquement ou de leur débarquement en France, et en aucun cas lorsqu'ils ne sont pas en uniforme.

Des saluts.

736. Aucun salut ne peut être de plus de vingt et un coups de canon.

737. 1. En cas de rencontre à la mer ou sur une rade française ou étrangère, les saluts dus aux officiers gé-

néraux et chefs de division par les officiers commandants qui leur sont inférieurs de grade ou d'ancienneté
sont réglés ainsi qu'il est prescrit aux articles 713, 714,
715, 716, 717 et 718 du présent décret, et conformément au tableau suivant :

Salut aux marques distinctes des officiers de la marine.

GRADES ET FONCTIONS	NOMBRE DE COUPS DE CANON	
	en France.	hors des ports de France.
Amiral pourvu d'un commande-ment en chef..............	17	19
Amiral non pourvu d'un comman-dement, mais annoncé officiel-lement par le ministre.......	15	17
Vice-amiral pourvu d'une commis-sion de commandement d'ami-ral..........................	15	17
Vice-amiral commandant en chef.	11	15
Vice-amiral employé en sous-ordre......................	9	13
Contre-amiral commandant en chef.......................	9	13
Contre-amiral employé en sous-ordre......................	7	11
Chef de division commandant en chef.......................	5	9
Chef de division employé en sous-ordre	3	7

2. Toutefois, en pays étranger, les officiers commandant les bâtiments de l'État se conforment, quant au
nombre de coups de canon, aux usages des pays où ils
se trouvent pour les saluts à faire aux marques distinctives françaises.

738. 1. Le salut rendu à une marque distinctive

française est égal au nombre de coups attribué par le tarif porté à l'article précédent au grade et à la nature du commandement de l'officier général ou du chef de division qui a salué le premier.

2. Celui qui est rendu au capitaine d'un bâtiment de l'État est de quatre coups de canon.

3. Les capitaines des bâtiments de l'État ne se saluent point entre eux.

739. 1. Lors des fêtes et solennités nationales des puissances alliées ou amies de la France, les bâtiments français participent à ces fêtes et solennités par des salves et pavoisements, lorsqu'il leur en a été préalablement donné avis officiel.

2. Lorsque, en pays étranger, il y a lieu de célébrer des fêtes et solennités nationales françaises, le commandant supérieur français s'entend avec l'agent diplomatique ou consulaire de France pour informer l'autorité locale de son intention de célébrer ces solennités. Il en fait avertir directement la veille le commandant supérieur de la rade où il se trouve, et, s'il le juge convenable, les commandants supérieurs des forces navales étrangères qui sont au même mouillage.

3. Lorsque les commandants étrangers s'associent par des salves et pavoisements à ces fêtes ou solennités, le commandant supérieur français envoie un officier leur adresser des remercîments.

4. Dans tous les cas, le commandant supérieur se conforme, autant que possible, pour ces cérémonies, aux usages reçus dans le pays où il se trouve, ou dans le pays dont une solennité est célébrée.

5. Dans tout pavoisement, la flamme nationale, ou la marque distinctive, reste arborée.

740. Les souverains étrangers reçoivent les honneurs attribués à l'Empereur.

741. 1. A la mer et en pays étranger, tout officier commandant un ou plusieurs bâtiments de l'État peut saluer la marque distinctive des commandants en chef des bâtiments étrangers ; il se conforme pour ces saluts aux usages suivis dans la marine militaire à laquelle appartiennent ces bâtiments étrangers ; il s'assure préalablement de la réciprocité.

2. Cet officier peut également saluer les agents supérieurs des puissances étrangères qui viennent à son bord ; il règle ces saluts selon le rang de ces agents, et en se conformant aux usages de leur pays.

742. 1. Les commandants en chef des bâtiments de l'État, en arrivant au mouillage en pays étranger, peuvent saluer la place, après s'être assuré que le salut sera rendu immédiatement et coup pour coup.

2. Ils peuvent saluer ensuite les bâtiments de la rade, s'il est d'usage de le faire dans le port où ils se trouvent.

3. Dans le premier cas, les voiles sont serrées ; dans le second cas, une ou plusieurs voiles sont déferlées.

743. 1. Toutes les fois qu'un bâtiment français est salué par un bâtiment de guerre étranger, le salut est rendu coup pour coup, quels que soient les grades respectifs des officiers commandants, et soit qu'ils aient traité ou non du salut, pourvu toutefois que ce salut n'excède pas vingt et un coups de canon.

2. Si un bâtiment est salué par un navire de commerce étranger, il rend le salut par un nombre de coups de canon qu'il fixe suivant les circonstances, mais qui est toujours inférieur de deux coups au moins au salut qui a été tiré.

744. Les saluts personnels ne se rendent pas. Toutefois, on suit à cet égard les usages et les précédents du pays où on se trouve.

745. 1. Lorsqu'il y a lieu de saluer une puissance étrangère, soit en arrivant dans un port, soit en partant d'un port sous sa domination, ou lorsqu'il y a lieu de fêter une solennité nationale d'une puissance étrangère, le bâtiment étant pavoisé ou non, le pavillon de cette puissance est hissé en tête du grand mât.

2. Lorsqu'il y a lieu de hisser un pavillon étranger pendant un salut personnel, ce pavillon est hissé au mât de misaine ; toutefois, lorsqu'on rend un salut, ce pavillon est arboré au mât auquel le pavillon français a été hissé à bord du bâtiment qui a salué le premier.

3. Si une marque distinctive de commandement est arborée au grand mât ou au mât de misaine, les pavillons étrangers sont hissés au mât où ne flotte pas cette marque distinctive.

746. Les saluts aux marques distinctives françaises ne sont faits que lors d'une première visite ou lors d'une première rencontre en rade ou à la mer. Ils ne peuvent être renouvelés qu'après un intervalle d'un an ou lors d'une séparation définitive.

747. 1. En armée, en escadre ou en division, et dans toute rencontre, le commandant supérieur seul fait et

rend les saluts, à moins qu'il n'en ordonne autrement.

2. Nul bâtiment ne peut faire ou rendre de salut en présence d'un commandant supérieur, sans avoir demandé son autorisation.

748. 1. Les bâtiments armés de moins de dix canons sont dispensés de faire des saluts.

2. Le capitaine ne doit s'écarter de cette règle qu'autant qu'il jugerait qu'il peut en résulter des inconvénients pour les relations établies, ou à établir, avec une puissance étrangère ou avec ses agents.

3. Dans ce cas, il rend compte à son chef direct.

749. Lorsqu'un navire de commerce français a fait aux bâtiments de l'État un salut à coups de canon, ce salut lui est rendu, mais par un nombre de coups qui n'excède pas celui de trois.

Des visites.

750. 1. Les officiers généraux et les officiers commandants doivent la première visite aux ambassadeurs, aux envoyés extraordinaires et aux ministres plénipotentiaires, aux ministres résidents et aux chargés d'affaires dans le port de la puissance auprès de laquelle ces agents sont accrédités. Toutefois, les vice-amiraux commandants en chef attendent la visite des chargés d'affaires. Les contre-amiraux commandants en chef attendent la première visite des chargés d'affaires intérimaires dans les ports qui se trouvent dans la limite de leur commandement ou pour lesquels ils ont une mission ; lorsqu'ils arrivent éventuellement en relâche dans

le port de la résidence d'un chargé d'affaires intérimaire, les contre-amiraux commandants en chef doivent la première visite à cet agent.

2. Les officiers généraux et les chefs de division,
commandants en chefs, attendent la visite des consuls
généraux et des consuls.

3. Cette visite est faite aux consuls généraux et consuls par tout officier commandant un bâtiment ; si cet
officier est capitaine de vaisseau, les officiers du consu-
lat le reçoivent au débarcadère.

4. La visite officielle n'a lieu de part et d'autre qu'à la
première arrivée des bâtiments dans la rade ou dans le
port de la résidence des agents diplomatiques et consulaires.

5. Cette visite est rendue dans les vingt-quatre
heures toutes les fois que le temps le permet.

751. 1. Toutes les fois qu'un bâtiment étranger arrive sur une rade française ou étrangère où se trouvent
un ou plusieurs bâtiments français, le commandant supérieur des bâtiments français envoie un officier au capitaine du bâtiment arrivant pour le complimenter.

2. Ce commandant supérieur attend ensuite la visite
du commandant arrivant, si ce dernier est du même
grade ou d'un grade inférieur au sien ; s'il est d'un
grade supérieur, le commandant supérieur français va
lui faire la première visite dès que le commandant qui
arrive lui a envoyé un officier lui porter ses remercîments.

3. Si le bâtiment étranger arrivant porte une marque
distinctive, le commandant supérieur français, si son

bâtiment n'en porte pas, va faire la première visite sans attendre qu'un officier du bâtiment étranger soit venu à son bord.

4. Lorsque le capitaine d'un bâtiment français arrive à un mouillage faisant partie du territoire d'une puissance étrangère, il ne fait de visite au commandant supérieur des bâtiments de guerre de cette puissance qui se trouveraient au même mouillage qu'autant qu'à son arrivée un officier lui aurait été envoyé pour le complimenter.

5. Il se conforme au même principe relativement aux commandants supérieurs des bâtiments d'autres puissances qui se trouveraient au même mouillage.

6. Néanmoins, il fait toujours la première visite au commandant supérieur de la place. Un officier général peut, dans cette circonstance, se faire représenter pour cette visite par son chef d'état-major, ou par un officier de l'état-major général, selon le grade de ce commandant supérieur.

7. Dans tous les cas, le capitaine d'un bâtiment français arrivant ne fait aucune première visite officielle à des autorités étrangères, maritimes ou autres, avant d'avoir consulté à ce sujet le commandant supérieur des bâtiments français qui sont au mouillage au moment de son arrivée, et, à défaut, sans s'être concerté avec l'agent diplomatique ou consulaire de France.

752. 1. Entre les officiers français, la première visite officielle est toujours faite par l'inférieur de grade et d'ancienneté; cette visite est rendue dans les vingt-quatre heures.

2. Le commandant en chef n'est pas tenu de rendre en personne, et dans le délai prescrit, de visites aux of ciers sous ses ordres.

3. Les officiers de la marine se conforment à ces dispositions dans leurs rapports officiels avec les chefs de service de la marine dans les ports et avec les officiers de l'armée de terre.

753. Les premières visites sont toujours faites aux préfets maritimes par les officiers généraux ou autres arrivant en rade.

754. 1. Lors de la rencontre de deux commandants en chef, le moins ancien des deux reçoit les ordres du plus ancien, pour la présentation réciproque qui sera faite à chacun de ces commandants en chef des officiers généraux, chefs de service et capitaines placés sous leurs ordres respectifs. Ces présentations, lorsqu'elles ont lieu, sont faites par l'officier de vaisseau immédiatement inférieur de grade ou d'ancienneté au commandant en chef qui les reçoit.

2. Lorsqu'un commandant en chef arrive dans un port de France où se trouve un préfet maritime, il s'entend avec ce fonctionnaire pour la présentation à lui faire des officiers généraux, chefs de service et capitaines de la force navale réunie sous ses ordres.

755. 1. Les commandants en chef doivent la première visite aux gouverneurs généraux et gouverneurs des colonies.

2. Ils la reçoivent des commandants particuliers des établissements coloniaux.

756. Lorsqu'un agent diplomatique ou consulaire, ou

un chef de service à terre, manque d'une embarcation convenable pour faire ou rendre une visite officielle à bord d'un bâtiment, le capitaine de ce bâtiment en met une à sa disposition tant pour l'amener à bord que pour le reconduire à terre.

Dispositions diverses.

757. 1. Outre les honneurs indiqués au présent titre, l'arrivée et le départ des officiers ou assimilés sont annoncés à bord par des coups de sifflet donnés par les maîtres de quart ; un certain nombre d'hommes passe sur le bord, et les factionnaires rendent à ces personnes le salut militaire attribué à leur grade.

2. La nuit, un certain nombre de fanaux, suivant le grade, sont, en outre, disposés pour recevoir les officiers ou assimilés qui montent à bord ou qui quittent le bâtiment.

758. 1. Les factionnaires présentent les armes pour les officiers généraux et supérieurs de la marine, et ils portent les armes pour les officiers d'un grade inférieur.

2. Ils présentent ou portent les armes pour toute personne en uniforme dont le grade est assimilé à celui des officiers de vaisseau.

3. Ces honneurs sont rendus aux officiers de toute arme et de toute nation, soit à bord, soit qu'ils se trouvent dans des embarcations qui passent à petite distance.

4. Les factionnaires présentent, les armes pour les grand'croix, grands-officiers et commandeurs de la Légion d'honneur.

5. Ils portent les armes pour les officiers et les chevaliers du même ordre.

759. 1. Lorsqu'un inférieur, étant dans une embarcation naviguant à l'aviron, rencontre un canot portant un officier général, un officier supérieur ou le capitaine de son bâtiment, il fait lever les rames, la poignée de l'aviron touchant le fond de l'embarcation, jusqu'à ce que le canot soit passé; les personnes qui sont dans la chambre du canot de l'inférieur se lèvent et saluent.

2. Lorsqu'un inférieur, étant dans une embarcation naviguant à l'aviron, rencontre un officier qui lui est supérieur de grade, il fait lever rames jusqu'à ce que le canot soit passé; les personnes qui sont dans la chambre de l'inférieur saluent.

3. Lorsque l'embarcation que monte l'inférieur navigue à la voile, les personnes qui sont dans la chambre de cette embarcation saluent le supérieur rencontré; si ce supérieur est officier général, officier supérieur, ou le capitaine du bâtiment, les écoutes des voiles sont, en outre, filée en bandes, jusqu'à ce que le canot qui porte ce supérieur soit passé; toutefois, les écoutes ne sont filées que lorsque l'officier général ou l'officier supérieur est d'un grade plus élevé que l'officier qui salue.

4. Ces saluts sont dus aux supérieurs de toute arme et de toute nation.

760. 1. Dans le cours ordinaire du service, un officier général est reçu à bord de tout bâtiment en haut de l'escalier extérieur par l'officier général, s'il y en a un, et les officiers de l'état-major général, par le capitaine et

l'officier en second du bâtiment, et par les officiers et aspirants de quart.

2. La garde porte les armes, et le tambour bat aux champs, rappelle ou fait un rappel de trois coups de baguette, selon le commandement dont est investi cet officier général.

761. Lorsqu'un officier ou toute autre personne à qui des honneurs sont dus quitte un bâtiment, les officiers et aspirants qui l'ont reçu à l'escalier extérieur, au moment de son arrivée à bord, le reconduisent à cet escalier, lors de son départ.

762. Il n'est pas rendu d'honneurs aux personnes qui ne sont pas en uniforme.

763. 1. Avant le lever et après le coucher du soleil, et pendant le repas des équipages, il n'est pas rendu d'honneurs à coup de canon, la garde ne s'assemble pas. Il n'est rendu que les honneurs du sifflet, et la nuit, en outre, ceux des fanaux.

2. Après le coup de canon de retraite, les officiers généraux ne sont reçus à bord que par les officiers et aspirants de quart du bâtiment et les officiers de service de l'état-major général ; les officiers commandants et autres sont reçus par les officiers et aspirants de quart.

764. Les officiers qui commandent pendant l'absence des officiers titulaires ou qui remplissent des fonctions intérimaires n'ont droit qu'aux honneurs militaires attribués à leur grade.

765. Lorsque des fonctionnaires appartenant ou non à la marine, non désignés au présent titre, mais annoncés par le ministre de ce département, se rendent officielle-

ment à bord d'un bâtiment, ils reçoivent les honneurs qui auront été préalablement déterminés à cette occasion par le ministre de la marine, en se conformant, autant que possible, aux assimilations qui résultent des prescriptions du décret du 24 messidor an XII (14 juillet 1804).

766. La maneuvre des voiles, les coups de canon et les salves de toute nature mentionnés au présent titre n'ont lieu qu'autant qu'il n'en peut résulter d'inconvénient, eu égard à la position de l'armée ou à celle des bâtiments.

5. Les honneurs funèbres à rendre aux membres de différents grades de la Légion d'honneur sont réglés suivant les assimilations attribuées à ces grades par les règlements de l'ordre.

HONNEURS DIPLOMATIQUES.

Souverains et Princes étrangers.

Les questions de préséance et de rangs entre les souverains et princes étrangers qui se trouveraient réunis dans la même cérémonie, sont de la compétence de la diplomatie ; car il n'y a pas de principes certains, de règle consentie, ni de pouvoir supérieur, ou juge commun qui puissent servir de règle, de juge ou d'arbitre. Nous nous bornerons à faire connaître quelques précédents.

Le titre d'empereur quoique considéré comme le plus élevé, a été placé sur la même ligne que celui de roi ; les souverains qui portent ces titres reçoivent en outre celui de majesté. Au second rang figure le titre d'altesse impériale ou royale ; il est donné aux grands ducs, à l'électeur de Hesse, aux descendants des empereurs et des rois.

Les souverains qui portent le titre de majesté, d'altesse impériale ou royale, portent la couronne royale, reçoivent la dénomination de frère de la part des souverains du même rang et ont le droit d'envoyer des ambassadeurs ou ministres de première classe.

Les grandes puissances de l'Europe sont l'Autriche, la France, la Prusse et la Russie.

Les empereurs et les rois ont la préséance sur les autres souverains qui n'ont pas le même titre.

Lorsque des difficultés s'élèvent au sujet du rang des États, elles sont résolues par la voie diplomatique. Pour les éviter, on a recours à ce qu'on appelle des expédients qui laissent en suspens les droits et les prétentions émises respectivement. Voici quelques-uns de ceux qui sont employés : on convient d'une suspension du cérémonial ; on déclare que chaque place doit être considérée comme la première, ou que la présidence accordée momentanément ne donnera pas titre pour l'avenir et ne portera aucun préjudice aux droits des autres. On cède aux prétentions de la partie qui conteste, mais on se fait donner des lettres réservales ; on garde l'incognito et on prend un titre inférieur, on convient que les places seront réglées d'après l'âge des souverains ou la durée de leur règne, ou l'ancienneté de leur famille, ou que l'on alternera pour la présidence, ou que le sort décidera de l'ordre dans lequel on l'obtiendra. Dans les traités publics l'alternat est d'usage ; chaque puissance occupe dans l'exemplaire qui lui est destiné la première place au préambule, comme aux signatures. Dans les visites que se font les souverains, l'hôte cède le pas à l'étranger, s'ils sont du même rang. S'il s'agit de cérémonie publique, l'empereur marche au milieu et le souverain étranger à sa droite.

Agents diplomatiques étrangers.

Les agents diplomatiques sont chargés d'une mission temporaire ou spéciale, et il prennent alors la qualité soit, d'envoyés, soit d'ambassadeurs extraordinaires, ou ils résident d'une manière permanente près d'une cour étrangère : ces derniers se divisent en plusieurs classes, et prennent suite par leur importance, le titre d'ambassadeurs, de ministres plénipotentiaires, de résidents, de chargés d'affaires.

L'agent diplomatique est inviolable, aucune poursuite ne peut être intentée contre lui, même pour crime et délit, sans l'autorisation de son souverain. La maison qu'il occupe est considérée comme faisant partie intégrante de son propre pays, et l'autorité du gouvernement près duquel il est accrédité expire au seuil de sa maison. Son mobilier est insaisissable. L'agent diplomatique est encore affranchi du paiement des impôts et des droits de douane.

D'après un règlement adopté au congrès de Vienne, les agents diplomatiques prennent rang, dans chaque classe d'après leur ancienneté près de la cour où ils sont accrédités ; cette ancienneté date de la notification officielle de leur arrivée. D'après le même règlement, les nonces du pape ont droit à la préséance sur les autres agents diplomatiques, dans les cours catholiques. — Dans les congrès les puissances médiatrices ont le pas sur les puissances belligérantes. — L'ambassadeur extraordinaire qui se rend à une cour pour un traité de mariage, ou une mission d'apparat, marche avant les ambassadeurs ordinaires.

Il n'y a point de règle absolue sur cette matière; chaque cour a des usages particuliers; il est des cours où on a introduit ce qu'on appelle le pêle-mêle, où tous les rangs sont confondus.

Quand un ambassadeur reçoit dans son hôtel des visites de cérémonie, il accorde le pas aux ministres de la même classe sans avoir égard à ses droits personnels, ni à ceux du souverain qu'il représente.

S'il y a des contestations sur les rangs que doivent occuper les agents diplomatiques, on a recours aux expédients; s'il s'agit d'une entrée publique dans la même ville, les ambassadeurs la font à la même heure et par des portes différentes; s'il s'agit de la place à occuper, on règle le rang d'après la date de l'arrivée ou d'après toute autre circonstance; s'il s'agit de la signature, on s'en rapporte au sort ou à l'ordre alphabétique du nom des pays en présence.

Dès qu'un ambassadeur est arrivé, il en informe le ministre des affaires étrangères et lui demande son jour et son heure pour le visiter et lui donner copie de ses lettres de créance : le ministre va lui rendre sa visite.

Lorsque le ministre a reçu cette visite et a pris les ordres de l'Empereur, il en instruit le grand maître des cérémonies et l'avertit que Sa Majesté est dans l'intention de recevoir l'ambassadeur.

Le grand maître, après avoir pris les ordres de l'Empereur, écrit au ministre des affaires étrangères; il fait ensuite prévenir l'ambassadeur, par un aide ou un maître des cérémonies, qu'il ira le voir, et lui donner connaissance du jour de son audience et du cérémonial qui doit y être observé. Lorsqu'il fait cette visite, l'ambassadeur va au-devant de lui, hors de son cabinet, et lui donne la droite.

L'ambassadeur lui rend sa visite et est reçu de la même manière et avec les mêmes honneurs.

Avant le jour de l'audience, le grand maître avertit les grands officiers et les ministres désignés pour y assister, de l'heure à laquelle elle doit avoir lieu.

Le jour fixé pour l'audience, un maître et un aide des cérémonies vont, avec trois voitures de la Cour, chercher l'ambassadeur pour le conduire au palais impérial.

Dans la première voiture se place l'aide des cérémonies secrétaire à l'introduction des ambassadeurs;

Dans la seconde, l'ambassadeur au fond de la voiture, et, sur le devant, le maître des cérémonies introducteur des ambassadeurs ;

Dans la troisième, les officiers de la suite de l'ambassadeur.

Le cortège entre la cour du palais par la grille d'honneur, la garde prend les armes et borde la haie.

L'ambassadeur, avec sa suite, est introduit dans le palais, et reçu par le grand maître.

Il est conduit dans le salon qui précède celui dans lequel l'audience doit avoir lieu; le grand maître se place à droite, le maître des cérémonies à sa gauche, l'aide des cérémonies en avant, précédé par les huissiers.

L'Empereur se tient dans son cabinet, ayant derrière lui les princes qu'il désigne, et, à quelque distance, à droite et en arrière de Sa Majesté, le grand chambellan, le ministre des affaires étrangères et les officiers de service, placés suivant leur rang.

Toutes les portes sont ouvertes à deux battants.

Le grand maître, après avoir annoncé à Sa Majesté que l'ambassadeur est à la porte de son cabinet, va chercher l'ambassadeur et entre avec lui.

Le maître et l'aide des cérémonies se tiennent près de la porte, en dedans.

L'ambassadeur, en entrant, fait trois révérences à Sa Majesté, et le grand maître le présente à l'Empereur.

L'ambassadeur prononce son discours et remet ses lettres de créance à l'Empereur, qui les dépose entre les mains du ministre des affaires étrangères.

Il présente ensuite à l'Empereur les secrétaires et les membres de sa mission qui l'accompagnent.

Lorsque l'Empereur congédie l'ambassadeur, celui-ci se retire sans se retourner ; il est reconduit avec le même cérémonial qu'à son arrivée.

Le grand maître des cérémonies prévient le grand-maître de là maison de l'Impératrice de l'arrivée de l'ambassadeur et des jours et heure de l'audience fixée pour la remise de ses lettres de créance à l'Empereur.

Le grand maître de la maison de l'Impératrice prend les ordres de Sa Majesté, les communique à l'ambassadeur, et va le visiter.

L'ambassadeur lui rend sa visite.

Le jour fixé, un chambellan de l'Impératrice reçoit l'ambassadeur, au bas de l'escalier ; ou, si l'audience a lieu immédiatement après celle de l'Empereur, dans le salon qui précède celui où elle vient d'avoir lieu.

Le chambellan conduit ensuite l'ambassadeur dans la pièce qui précède le salon de l'Impératrice.

Le grand maître de la maison de l'Impératrice vient au-devant de l'ambassadeur, l'introduit dans le salon de l'Impératrice et le présente à Sa Majesté.

L'ambassadeur observe, à cette audience, pour entrer, sortir, saluer, le même cérémonial qu'à l'audience de l'Empereur.

Le grand maître fait prévenir, par un maître des cérémonies, les premiers officiers et les dames d'honneur des princes et princesses de la famille Impériale que l'ambassadeur a eu son audience de l'Empereur.

Les premiers officiers et les dames d'honneur prennent les ordres des princes et des princesses, et informent l'ambassadeur du jour et de l'heure auxquels il sera reçu par leurs Altesses Impériales.

Un premier officier des princes ou des princesses va le visiter.

Le jour fixé, les officiers des princes et des princesses le reçoivent au bas de l'escalier, et le premier officier, ou la dame d'honneur, dans la pièce qui précède le salon où doit avoir lieu la réception, l'introduit et le présente.

L'ambassadeur, en sortant, est reconduit comme à son arrivée.

Dans les huit jours qui suivent celui où l'ambassadeur a eu son audience de Sa Majesté, il fait prévenir, par des billets imprimés, qu'ayant eu son audience de l'Empereur, il recevra pendant trois jours qu'il désignera, et aux heures indiquées, les ministres, les grands officiers de l'empire, les officiers des maisons de leurs majestés, et ceux des princes et princesses de la famille

Impériale; un maître des cérémonies sera chargé de distribuer ces billets.

L'ambassadeur rend visite aux personnes qu'il a reçues; il rend visite aux dames : la liste des visites qu'il doit rendre lui est remise par le maître des cérémonies.

Lorsqu'une ambassadrice arrive, le ministre des affaires étrangères ainsi que le grand maître des cérémonies vont lui rendre visite.

L'ambassadrice va rendre visite à la femme du ministre des affaires étrangères et à la grande maîtresse de la maison de l'Impératrice.

Le grand maître prend les ordres de l'Empereur pour le jour et l'heure de l'audience.

Le grand maître fait connaître à l'ambassadrice la dame désignée pour l'accompagner; la dame désignée va voir l'ambassadrice.

Le jour indiqué pour l'audience, la dame désignée va chercher l'ambassadrice avec un maître, un aide des cérémonies et trois voitures de la cour. Dans la première voiture sont placés le maître et l'aide des cérémonies; dans la seconde, l'ambassadrice ayant à sa gauche la dame désignée pour l'accompagner; dans la troisième, les officiers de l'ambassade.

Arrivée dans le salon, le grand maître vient la chercher et l'introduit dans le cabinet de l'Empereur, le grand chambellan vient au-devant d'elle : elle fait en entrant, trois révérences.

La dame qui l'accompagne la présente à Sa Majesté; après cette audience elle se retire en faisant trois révérences, elle est reconduite comme à son arrivée.

Le grand maître ayant informé de cette audience le grand maître de la maison de l'Impératrice, la grande maîtresse prend les ordres de Sa Majesté, les fait connaître par le chambellan introducteur à l'ambassadrice et à la dame qui doit l'accompagner; elle est reçue chez l'Impératrice et présentée comme pour la réception de l'ambassadeur.

L'ambassadrice se fait présenter, ainsi que l'ambassadeur, aux princes et princesses de la famille Impériale, qui en sont avertis et qui lui donnent leur jour, ainsi qu'il a été dit pour l'ambassadeur.

Ces formes remplies, elle fait publier, de même que l'ambassadeur, qu'elle recevra, pendant trois jours désignés et aux heures indiquées, les ministres, les grands officiers de l'empire, les officiers de la maison de Leurs Majestés, ceux des princes et princesses, et leurs femmes, ainsi que les dames du palais de Sa Majesté et celles des princesses.

La dame désignée pour l'accompagner se tient près d'elle pendant les trois jours précités, et lui présente les personnes qui viennent la visiter; après ces trois jours, l'ambassadrice rend visite aux dames qu'elle aura reçues, en commençant par la dame désignée pour l'accompagner.

Les envoyés extraordinaires et les ministres plénipotentiaires, après avoir visité le ministre des affaires étrangères, rendent visite au grand maître des cérémonies.

Celui-ci, dès qu'il a été prévenu par le ministre des affaires étrangères que Sa Majesté est dans l'intention de donner audience, prend les ordres.

13

Il rend ensuite visite aux envoyés ou ministres et leur donne connaissance des jour et heure fixés par Sa Majesté pour recevoir les lettres de créance.

[´ Il en informe également le minstre des affaires étrangères.

Le jour indiqué, l'envoyé ou le ministre se rend dans sa voiture au palais; mais, s'il est de règle à la cour du pays représenté par l'envoyé ou le ministre d'envoyer une voiture, en pareille occasion, au ministre de France, il est fait de même à l'égard de l'envoyé ou du ministre; dans ce cas, un maître des cérémonies, introducteur des ambassadeurs, va seul, avec une voiture de la cour, précédée d'un piqueur, montée de deux valets de pied et suivie de deux garçons d'attelage, chercher l'envoyé extraordinaire ou ministre plénipotentiaire pour l'amener au palais.

Il est conduit par un maître des cérémonies dans les appartements de l'Empereur et introduit dans le cabinet par le grand maître.

Sa présentation peut aussi avoir lieu au lever de Sa Majesté, suivant les formes réglées pour les présentations.

L'envoyé extraordinaire ou ministre plénipotentiaire observe, à cette audience, pour entrer, sortir et saluer, le même cérémonial que les ambassadeurs.

Après la remise de ses lettres de créance à Sa Majesté, l'envoyé extraordinaire ou ministre plénipotentiaire est reconduit avec le même cérémonial qu'à son arrivée.

Le grand maître des cérémonies informe le grand maître de la maison de l'Impératrice des jours et heure fixés par l'Empereur pour l'audience de la remise des lettres de créance.

Le grand maître de la maison de l'Impératrice prend les ordres de Sa Majesté pour la réception de l'envoyé extraordinaire ou ministre plénipotentiaire, [et les lui communique.

Au jour fixé, l'envoyé extraordinaire ou ministre plénipotentiaire est reçu dans les appartements de l'Impératrice par son premier chambellan, et présenté à Sa Majesté par la dame d'honnenr.

Un officier ou une dame d'honneur des princes et princesses de la famille Impériale fait pareillement connaître à l'envoyé extraordinaire ou ministre plénipotentiaire les jour et heure où Leurs Altesses Impériales le recevront, d'après l'information donnée par le grand maître des cérémonies que l'audience de l'Empereur a eu lieu.

Il est reçu, introduit et présenté par le premier officier chez les princes, et introduit par le premier officier et présenté par la dame d'honneur chez les princesses.

Un maître des cérémonies lui donne la liste des ministres, es grands officiers de l'empire, des officiers et dames de la maison de Leurs Majestés et de celles des princes et princesses de la Famille Impériale, et il leur rend visite.

Les ministres résidents, pour la remise de leurs lettres de créance, sont introduits et présentés par un maître des cérémonies assisté d'un aide.

Leur présentation peut avoir lieu à un lever de Sa Majesté.

Si un ambassadeur, pendant la durée de sa mission, est accrédité près de l'Empereur par une autre cour, avec un caractère inférieur à celui dont il est déjà revêtu, il présente ses nouvelles lettres de créance dans une audience particulière.

A la mort d'un souverain étranger, si l'ambassadeur ou le ministre de cette puissance, résidant près de l'Empereur, continue d'être accrédité avec le même caractère par le successeur au trône, ces nouvelles lettres de créance sont présentées en audiences particulières.

Dans les solennités d'État, il est toujours réservé une place distinguée au corps diplomatique.

Le corps consulaire, quand il en fait la demande, a droit à une place exceptionnelle qui est déterminée d'après les convenances locales et de concert avec l'autorité qui doit avoir le premier rang de préséance dans la cérémonie. Cette place est ordinairement fixée entre les autorités ayant un rang individuel et les corps marchant collectivement par ordre de préséance. (Voir appendice, n° 19.)

Des audiences de congé.

Si un ambassadeur, un envoyé extraordinaire, ou un ministre plénipotentiaire est immédiatement remplacé par un successeur revêtu du même caractère, son audience de congé a lieu le même jour et en même temps que l'audience publique de son successeur.

Le grand maître des cérémonies, informé par le ministre des affaires étrangères de la demande d'audience du nouveau chef de mission diplomatique, prend les ordres de l'Empereur et les communique au ministre, ainsi qu'au nouveau chef de mission.

Il prévient également l'ambassadeur ou le ministre étranger qui a demandé à remettre ses lettres de rappel, que son audience de congé aura lieu le même jour' et à la même audience que la première audience de son successeur.

Le chef de mission qui prend congé se rend au palais dans sa voiture et s'y réunit à son successeur.

Les ambassadeurs, envoyés extraordinaires ou ministres plénipotentiaires sont conduits ensemble à l'audience de Sa Majesté et présentés ensuite devant l'Empereur, celui qui se retire donnant la droite à son successeur.

On observe, pour le reste de l'audience, le même cérémonial qu'à la première audience d'un ambassadeur ou d'un ministre étranger.

Il en est de même à l'audience de l'Impératrice et des princes et princesses de la Famille Impériale.

Si l'ambassadeur ou un autre ministre étranger n'est pas immédiatement remplacé par un successeur revêtu du même caractère; ou si, par un motif quelconque, il désire prendre congé avant la présentation de son successeur, ce congé à lieu dans une audience particulière ordinaire.

Présentation des dames du Corps diplomatique.

Les dames du Corps diplomatique sont présentées à l'Impératrice avant de l'être à l'Empereur.

La demande de l'ambassadeur, ministre ou chargé d'affaires en faveur de la dame suit la voie diplomatique ordinaire.

Le ministre des affaires étrangères écrit à la grande maîtresse de la maison de l'Impératrice.

La grande maîtresse, après avoir pris les ordres de Sa Majesté, s'entend, pour la présentation à l'Empereur, avec le grand maître des cérémonies, puis fait connaître au ministre des affaires étrangères, à l'ambassadeur, ministre ou chargé d'affaires, le jour et l'heure de la réception, et la présentation est faite à Leurs Majestés soit par la grande maîtresse, soit par la dame doyenne du Corps diplomatique, ou, si l'Empereur le juge convenable, par l'épouse du ministre des affaires étrangères.

Les dames étrangères ne peuvent être présentées à la cour qu'autant qu'elles ont été présentées à leur propre cour, ou, du moins, que leur mari (si elles sont mariées), ou leur père (si elles ne le sont pas), a été présenté à leur propre souverain.

La légation de leur nation écrit, à ce sujet, au ministre des affaires étrangères, qui informe de la demande la grande maîtresse de la maison de l'Impératrice.

La grande maîtresse prend les ordres de l'Impératrice, et transmet la décision de Sa Majesté au ministre des affaires étrangères ainsi qu'au ministre étranger.

Les mêmes formes s'observent pour les dames de distinction des États républicains.

Les dames étrangères sont présentées à Leurs Majestés

par l'épouse de l'ambassadeur ou ministre de leur nation, ou l'épouse de tout autre ministre diplomatique.

Elles ne sont présentées à l'Empereur qu'après l'avoir
été à l'Impératrice.

La femme d'un chargé d'affaires, de même que son
mari, n'a pas droit de présentation, et les dames étrangères dont le pays n'entretient pas auprès de l'Empereur
un ambassadeur ou un ministre, sont présentées à Leurs
Majestés par la grande maîtresse ou par l'épouse d'un
mimistre diplomatique.

Présentation des étrangers.

Quand un membre du corps diplomatique non chef
de mission, ou un étranger présenté à la cour de son
pays, ou une personne de distinction d'une république,
n'a pas encore été présenté à l'Empereur, l'ambassadeur ou ministre de son pays, ou le chargé d'affaires,
ou, à leur défaut, le ministre ou chargé d'affaires d'une
autre nation, s'adresse, pour la présentation de cet
étranger, au ministre des affaires étrangères, qui en
écrit au grand maître des cérémonies.

Le grand maître prend les ordres de l'Empereur et
instruit de ses ordres le ministre des affaires étrangères
en même temps que l'ambassadeur, ministre ou chargé
d'affaires étranger.

L'ambassadeur ou le ministre, introduit auprès de Sa
Majesté par le grand maître ou par un maître des cérémonies, présente son compatriote à l'Empereur.

Le grand maître ou un maître a seul le droit de présenter un étranger dont le pays n'est représenté que par un chargé d'affaires. Après avoir été présenté à l'Empereur l'étranger, suit la même voie diplomatique pour être présenté à l'Impératrice.

Le grand maître de la maison de l'Impératrice, prévenu par le ministre des affaires étrangères, prend les ordres de Sa Majesté, en instruit le ministre des affaires étrangers, et fait la présentation.

Agents diplomatiques français.

Les ambassadeurs et ministres plénipotentiaires français reçoivent, de la part des troupes françaises employées aux armées, qui se trouvent stationnées ou qui sont envoyées dans le lieu de leur résidence les honneurs suivants. Lorsqu'ils sont conseillers d'État ou généraux de division, il leur est accordé deux sentinelles à leur porte; il leur est fait des visites de corps. Les gardes ou postes français devant lesquels ils passent, prennent les armes ou montent à cheval. Les tambours ou trompettes desdites gardes rappellent. — Lorsqu'ils ne sont ni conseillers d'État ni généraux de division, il leur est fourni une sentinelle tirée des fusiliers; il leur est fait des visites de corps. Les gardes ou postes français devant lesquels ils passent prennent et portent les armes, ou montent à cheval et mettent le sabre à la main. Les tambours ou trompettes sont prêts à battre ou à sonner (décision impériale du 30 septembre 1807).

HONNEURS FUNÈBRES.

Lorsqu'une des personnes ayant droit de prendre rang et séance dans les cérémonies publiques meurt, toutes les personnes qui occupent, dans l'ordre des préséances, un rang inférieur à celui du mort, assistent à son convoi, et observent entre elles l'ordre prescrit. Si des personnes qui occupent un rang supérieur dans l'ordre des préséances veulent assister au convoi d'un fonctionnaire décédé et qu'elles soient revêtues de leur costume, elles marchent dans le rang qui leur appartient.

Les corps assistent en totalité au convoi des Princes, des Ministres, des Grands-Officiers de l'Empire, et des Conseillers d'État en mission ; pour les autres, ils y assistent par députation. Toutes les troupes de la garnison prennent les armes pour les Princes français, les Cardinaux-Archevêques et Évêques, les Ministres, les Archevêques et Évêques, les Préfets. La moitié de la garnison prend les armes pour les Grands Croix de la Légion d'honneur.

Un bataillon d'infanterie ou deux escadrons de troupes à cheval commandés par un colonel ou capitaine de vaisseau, pour les Sénateurs, les Députés au Corps Législatif, pendant la session, décédés en fonctions dans les ville où siége le corps dont ils font partie ; les Conseillers d'État décédés en mission ou en fonctions dans la ville où siége le Conseil d'État ; les Commandeurs de la

Légion d'honneur. Une compagnie ou un peloton commandé par un capitaine de l'armée ou un lieutenant de vaisseau pour les officiers de la Légion d'honneur. Une demi-section ou un demi-peloton, commandé par un sous-lieutenant ou aspirant de première classe pour les chevaliers de la Légion d'honneur.

Ces honneurs appartiennent aux fonctionnaires qui décèdent dans l'exercice de leurs fonctions; ils n'ont droit qu'à la moitié de ces mêmes honneurs, et il n'est pas tiré de canon ni fait de salve de mousqueterie, s'ils décèdent hors de service.

L'autorité militaire ou maritime locale reste juge des circonstances dans lesquelles des députations des divers corps doivent assister aux cérémonies funèbres. Elle en règle la composition.

On place sur le cercueil d'un militaire les marques distinctives de son grade, sur celui d'un magistrat, son costume; sur le cercueil d'un fonctionnaire les insignes de ses fonctions; sur celui d'un ministre du culte ses habits sacerdotaux, ou un des objets qui lui servaient dans ses fonctions.

Les valets en livrée de deuil conduisent derrière le char funèbre d'un officier général, [son cheval de bataille.

Aux funérailles d'un prince ou d'un grand officier, les officiers de sa maison portent sur des coussins la couronne de son titre et les marques de sa dignité. Les armes de sa maison sont appendues dans l'église; son chiffre et les noms des lieux où il s'est distingué sont reproduits sur les tentures funèbres.

Dans plusieurs corps politiques, judiciaires et administratifs, il est d'usage de prononcer en séance publique
l'éloge des membres décédés.

Les cours impériales doivent assister en robes rouges
et le crêpe à la toque, aux cérémonies funèbres qui ont
eu caractère national, et en robes et ceintures noires à
tous les autres sans exception. Les magistrats de première instance doivent paraître avec la robe, la ceinture
noire et un crêpe à la toque. (Circulaire du garde des
sceaux, 21 juillet 1821, décision du 22 janvier 1853.)

Lorsqu'un président du tribunal de commmerce vient
à mourir, les juges de paix doivent assister à la cérémonie funèbre. Les juges du tribunal civil doivent envoyer
une députation, parce que le président du tribunal de
commerce a le pas sur eux ; mais le président du tribunal civil n'est nullement forcé d'en rendre. (Décision du
garde des sceaux, 8 juin 1847.)

La législation, la jurisprudence gardent le silence au
sujet des honneurs funèbres proprement dits à rendre
aux membres des corps judiciaires décédés dans leurs
fonctions ; mais chaque ressort a des usages qui font loi
en pareille circonstance. Le décret du 6 juillet 1810,
art. 78, contenant règlement sur l'organisation et le service des cours impériales stipule que les portraits des
magistrats des cours impériales morts dans l'exercice
de leurs fonctions, après s'être illustrés par un profond
savoir, par une pratique constante des vertus de leur
état, et par des actes notables de courage et de
dévouement, pourront être placés dans l'une des
salles d'audience en vertu d'un décret impérial, rendu

trois ans après la mort du magistrat, sur le rapport du garde des sceaux et du Conseil d'Etat.

La durée du deuil se mesure au degré de parenté ou à l'importance de la personne décédée. Le deuil se divise en différentes époques ; il s'éclaircit à proportion qu'on s'éloigne de l'époque où il a commencé. Pendant le grand deuil, on ne porte que des étoffes de laine et de la toile de lin.

Le deuil officiel consiste, pour toutes les personnes portant uniformes ou costume, en un crêpe à l'épée ; les deuils de famille sout portés au bras gauche.

Deuils de Cour.

Les Deuils de Cour sont portés par l'Empereur, l'Impératrice, les Princes et les Princesses, les Ministres, tous les Grands-Officiers de l'Empire, civils et militaires, et les Officiers de la Maison de l'Empereur, de l'Impératrice, des Princes et des Princesses, les Sénateurs, les Députés au Corps législatif pendant les sessions, les Conseillers d'État, les Magistrats de la Cour de Cassation, de la Cour des Comptes, les Officiers de la Garde Impériale et toutes les personnes présentées à Leurs Majestés.

Le Grand Maître des Cérémonies prend les ordres de l'Empereur pour les deuils, les notifie aux personnes ci-dessus désignées, et en informe les Membres du Corps diplomatique.

Les Deuils de Cour se divisent en grand deuil et en deuil ordinaire.

Les grands deuils se portent pour l'Empereur, l'Impératrice, la mère de l'Empereur, le Père et la Mère de l'Impératrice, les Oncles et Tantes de Leurs Majestés, le Prince Impérial et les autres Enfants de l'Empereur, les Princes frères ou beaux-frères de l'Empereur, les Princesses sœurs et belles-sœurs de l'Empereur, et les autres Princes de la Famille Impériale, tant dans la ligne ascendante que dans la ligne descendante.

Le deuil de l'Empereur est porté par tous les Officiers de l'Armée, et les cravates des drapeaux, étendards et guidons, sont en noir.

Les deuils ordinaires se portent pour les Princes du sang, pour les Têtes couronnées, pour les Souverains qui ne sont pas couronnés, mais auxquels l'Empereur accorde le titre de Frères; pour les enfants des Têtes couronnées; pour les enfants des Princes qui ne sont pas couronnés, mais qui jouissent du titre de Frères; pour les frères et sœurs des Têtes couronnées; pour les frères et sœurs des Princes qui ne sont pas en possession du titre de Frères.

Les grands deuils se partagent en deux temps :

1° La laine et les pierres noires;

2° La soie et les diamants.

Habillement des hommes.

L'Empereur porte le grand deuil en violet.

Quand Sa Majesté est en uniforme, elle porte un crêpe violet au bras et à l'épée.

L'habillement des autres personnes, pour le grand

deuil, est en noir, avec crêpe au chapeau et gants noirs.

En uniforme, les militaires portent le crêpe au bras et à l'épée.

Les officiers civils en costume portent le gilet, le pantalon ou la culotte noirs, les gants noirs, avec crêpe au bras et à l'épée.

Le second temps du deuil, ou le deuil ordinaire, est, pour l'Empereur, ainsi que pour les autres personnes, vêtements noirs et gris, gants gris.

En uniforme, pour les militaires, ou en costume pour les officiers civils, un crêpe à l'épée seulement.

Habillemeut des femmes.

Premier temps, ou grand deuil :

Vêtement de laine noire pendant la première moitié de ce premier temps ;

Pendant la seconde moitié, vêtement de soie noire.

Coiffure et gants noirs pendant tout le temps.

Deuxième temps, ou deuil ordinaire :

Le blanc uni, ou le noir et blanc.

Pendant le grand deuil, dans les grandes cérémonies, les hommes ajoutent à leur costume un manteau, un crêpe pendant au chapeau, et une cravate longue.

Le manteau de l'Empereur est en violet, celui des autres personnes est en étoffe de laine noire.

La longueur du manteau se règle suivant le rang de la personne.

Pendant le grand deuil et dans les grandes cérémonies, les femmes ajoutent à leur habillement une mante noire, dont la longueur est également réglée sur le rang de la personne qui la porte, et un petit voile de crêpe noir sur la tête.

Lorsque l'Empereur est en grand deuil, s'il reçoit des révérences, il y admet toutes les personnes présentées.

Dans cette cérémonie, les hommes portent le manteau et le crêpe, et les dames, la mante et le voile.

Dans les grands deuils, la chambre et l'antichambre de l'Empereur sont tendues en violet; les carreaux, les fauteuils et les tapis de la Chapelle sont également en violet.

Les voitures de Sa Majesté sont aussi drapées de la même couleur.

Les Princes de la Famille Impériale et les Princes de la Famille de l'Empereur ont leurs voitures drapées en noir.

Les Ministres et les Grands-Officiers civils et militaires, les Présidents du Sénat, du Corps législatif, du Conseil d'État, drapent leurs voitures en noir.

La livrée, tant de la Maison de l'Empereur que des autres personnes désignées ci-dessus, est habillée en noir.

Pendant le deuxième temps du deuil, les gens de service portent des aiguillettes de la couleur de la livrée.

La durée des deuils est réglée comme il suit :

Grand deuil :

Pour l'Empereur, trois mois; savoir :

1er temps . . . . un mois et demi.
2e temps. . . . . un mois et demi.

Pour l'Impératrice et la Mère de l'Empereur, deux mois ; savoir :

> 1er temps . . . . un mois.
>
> 2e temps . . . . un mois.

Pour le Prince Impérial, un mois ; savoir :

> 1er temps. . . . . 15 jours.
>
> 2e temps. . . . . 15 jours.

Pour les autres Enfants de l'Empereur, un mois ; savoir :

> 1er temps. . . . . 15 jours.
>
> 2e temps. . . . . 15 jours.

Pour un frère ou une sœur, beau-frère ou belle-sœur de l'Empereur, un mois ; savoir :

> 1er temps. . . . . 15 jours.
>
> 2e temps. . . . . 15 jours.

Pour un autre Prince de la Famille Impériale tant de la ligne ascendante que descendante, vingt et un jours; savoir :

> 1er temps. . . . . 11 jours.
>
> 2e temps. . . . . 10 jours.

Deuils ordinaires :

Pour les Princes du sang, dix jours ; savoir :

> 1er temps. . . . . 5 jours.
>
> 2e temps. . . . . 5 jours.

Pour les Têtes couronnées ayant un degré de parenté avec Sa Majesté, un mois ; savoir :

> 1er temps. . . . . 15 jours.
>
> 2e temps. . . . . 15 jours.

Pour les têtes couronnées n'ayant aucun degré de parenté avec Sa Majesté, vingt et un jours; savoir :

> 1er temps. . . . . 11 jours.

2e temps. . . . . .10 jours.

Pour les Princes non couronnés, mais auxquels Sa Majesté accorde le titre de Frères, quinze jours; savoir :

1er temps. . . . . 8 jours.

2e temps. . . . . 7 jours.

Pour les enfants des Têtes couronnées et les Princes héréditaires, neuf jours; savoir :

1er temps. . . . . 5 jours.

2e temps. . . . . 4 jours.

Pour les enfants des Princes qui ne sont pas couronnés, mais auxquels l'Empereur accorde le titre de Frères, quatre jours; savoir :

1er temps. . . . . 2 jours.

2e temps. . . . . 2 jours.

Pour les frères et sœurs des Têtes couronnées, quatre jours; savoir :

1er temps. . . . . 2 jours.

2e temps. . . . . 2 jours.

Pour les frères et sœurs des Princes qui sont en possession du titre de Frères, trois jours; savoir :

1er temps. . . . . 1 jour.

2e temps. . . . . 2 jours.

L'usage en France étant qu'un père et une mère ne portent pas le deuil de leurs enfants, si un fils ou petit fils de l'Empereur vient à mourir, Sa Majesté ne prend pas le deuil; mais toutes les autres personnes le portent, conformément au genre et à la durée déterminés par le règlement.

Les étrangers voyageant en France peuvent porter le deuil de leur Souverain et de leurs Princes tel qu'il est réglé par leur Cour.

On ne porte pas le deuil des enfants qui n'ont pas atteint l'âge de sept ans.

Les militaires et toutes les personnes qui ont des uniformes ou des costumes portent le grand deuil avec un crêpe au bras et à l'épée, et le deuil ordinaire avec un crêpe à l'épée seulement.

Les ecclésiastiques portent le rabat blanc et le crêpe au chapeau.

Hors le temps où la Cour est en grand deuil, personne ne peut s'y présenter en grand deuil, sans en avoir obtenu la permission de Sa Majesté.

Lorsque la Cour est en deuil, aucune personne, même celles qui demandent audience et qui ne sont pas présentées, ne peuvent y paraître sans être en deuil.

Honneurs funèbres militaires.

Disposition spéciale.

359. Les honneurs funèbres à rendre à l'Empereur, à l'Impératrice et au Prince Impérial sont l'objet de dispositions spéciales arrêtées par le Gouvernement.

Princes français, cardinaux, ministres, etc.

360. Toutes les troupes de la garnison prennent les armes :

Pour les Princes français,
   les cardinaux-archevêques ou évêques,
   les ministres,
   les maréchaux et amiraux,
   les généraux de division et vice-amiraux commandants
      en chef.

Pour les généraux de division commandants territoriaux,
les préfets maritimes,
les archevêques et évêques,
les préfets,
les généraux de brigade commandants territoriaux.

Généraux de division, grands-croix de la Légion d'honneur, etc.

361. La moitié de la garnison prend les armes :

Pour les généraux de division ou vice-amiraux employés,
les grands-croix de la Légion d'honneur,
les majors généraux de la marine contre-amiraux.

Généraux de brigade, grands officiers de la Légion d'honneur, etc.

362. Le tiers de la garnison prend les armes :

Pour les généraux de brigade ou contre-amiraux employés,
les grands officiers de la Légion d'honneur,
les majors généraux de la marine qui ne sont pas contre-amiraux.

Disposition générale.

363. Lorsque toutes les troupes, de la garnison prennent les armes, elles sont commandées par l'officier le plus élevé en grade ; la moitié des troupes, par l'officier qui occupe le second, le tiers par celui qui occupe le troisième rang. Toutefois, l'officier qui commande ne doit pas être d'un grade ou d'un rang supérieur à celui de la personne décédée.

Sénateurs, députés au Corps législatif, conseillers d'État, intendants généraux inspecteurs, etc.

364. Un bataillon d'infanterie ou deux escadrons de

troupes à cheval commandés par un colonel ou capitaine de vaisseau prennent les armes :

Pour les sénateurs, les députés au Corps législatif, } pendant la session { Décédés en fonctions dans la ville où siége le corps dont ils font partie,

es conseillers d'État décédés en mission ou en fonctions dans la ville où siége le conseil d'État,
les intendants généraux inspecteurs,
les inspecteurs généraux des constructions navales, du service de santé et des travaux hydrauliques de la marine,
les colonels et capitaines de vaisseau,
les commandeurs de la Légion d'honneur,
les officiers supérieurs commandants de place (1).

Intendants militaires, directeurs des constructions navales, etc., etc.

365. Un demi-bataillon d'infanterie ou un escadron de troupes à cheval, commandé par un lieutenant-colonel ou capitaine de frégate :

Pour les intendants militaires,
les directeurs des contributions navales,
les ingénieurs hydrographes en chef,
les commissaires généraux de la marine,
les inspecteurs en chef des services administratifs de la marine,
les inspecteurs du service de santé de l'armée,
les directeur du service de santé de la marine,
l'aumônier en chef de la marine.

Sous-intendants militaires de première classe, lieutenants-colonels, capitaines de frégate, etc., etc.

366. Deux compagnies d'infanterie ou deux pelotons

(1) Si le commandant de place décédé est d'un grade inférieur à celui de lieutenant-colonel, le détachement est commandé par un chef de bataillon ou d'escadron.

commandés par un chef de bataillon, d'escadron ou major :

Pour les sous-intendants militaires de première classe,
les lieutenants-colonels et capitaines de frégate,
les ingénieurs de première classe des constructions navales,
les ingénieurs hydrographes de première classe,
les ingénieurs en chef de première classe des travaux hydrauliques,
les commissaires de la marine,
les inspecteurs administratifs de la marine,
les médecins ou pharmaciens principaux de première classe de l'armée,
les premiers officiers de santé en chef de la marine,
les examinateurs de l'école navale,
les examinateurs des écoles d'hydrographie,
les ingénieurs de première classe des travaux hydrauliques de la marine,
les commandants de place qui ne sont pas officiers supérieurs.

Sous-intendants militaires de deuxième classe,
ingénieurs de deuxième classe des constructions navales,
ingénieurs hydrographes de deuxième classe, etc.

367. Une compagnie ou un peleton commandé par un capitaine de l'armée ou lieutenant de vaisseau :

Pour les sous-intendants militaires de deuxième classe,
les ingénieurs de deuxième classe des constructions navales,
les ingénieurs hydrographes de deuxième classe,
les ingénieurs en chef de deuxième classe des travaux hydrauliques,
les médecins et pharmaciens principaux de deuxième classe de l'armée,
les seconds officiers de santé en chef de la marine,
les ingénieurs de deuxième classe des travaux hydrauliques,
les chefs de bataillon, d'escadron ou majors,
les officiers de la Légion d'honneur.

Adjoints de première classe à l'intendance, commissaires et adjoints de la marine, etc., etc.

368. Une section ou un peloton commandé par un lieutenant de l'armée ou enseigne de vaisseau :

Pour les adjoints de première classe à l'intendance,
les commissaires adjoints de la marine,
les inspecteurs adjoints des services administratifs de la marine,
les médecins ou pharmaciens majors de première classe de l'armée,
les professeurs du service de santé et chirurgiens principaux de la marine,
les professeurs de première classe (école navale et hydrographie),
les aumôniers supérieurs,
les mécaniciens en chef
les capitaines de l'armée et lieutenants de vaisseau.

Adjoints de deuxième classe à l'intendance, sous-ingénieurs des constructions navales, etc., etc.

369. Une demi-section ou un demi-peloton commandé par un sous-lieutenant ou aspirant de première classe :

Pour les adjoints de deuxième classe à l'intendance,
les sous-ingénieurs des constructions navales,
les sous-ingénieurs hydrographes de la marine,
les professeurs de deuxième, troisième et quatrième classe aux écoles navales et d'hydrographie,
les élèves du service des constructions navales,
les élèves ingénieurs hydrographes,
les sous-commissaires et aides-commissaires,
les lieutenants, sous-lieutenants de l'armée, enseignes de vaisseau et aspirants de première classe,
les médecins et pharmaciens-majors de deuxième classe ⎱ de l'armée,
les médecins et pharmaciens aides-majors ⎰
les chirurgiens et pharmaciens de la marine,

les mécaniciens principaux,

les aumôniers,

les trésoriers de la marine,

les officiers d'administration principaux et comptables de l'armée,

les interprètes principaux et interprètes,

les vétérinaires principaux et vétérinaires,

les agents administratifs principaux et agents des divers services de la marine,

les chevaliers de la Légion d'honneur.

Gardes de l'artillerie, du génie, etc., adjudants d'administration, chefs de musique, etc.

370. Un quart de section ou un quart de peloton commandé par un sous-officier ou maître :

Pour les gardes principaux et autres, de l'artillerie, du génie et des équipages,

les adjudants d'administration de l'armée,

les sous-agents des divers services administratifs de la marine,

les aides-vétérinaires,

les chefs de musique,

les aspirants de deuxième classe, les volontaires de la marine,

les maîtres et chefs artificiers,

les chefs et sous-chefs ouvriers d'État et les ouvriers d'État,

les sous-officiers, premiers maîtres, maîtres et seconds maîtres,

les soldats et marins décorés de la médaille militaire.

Caporaux et brigadiers, quartiers-maîtres de la marine.

371. Un huitième de section ou de peloton commandé par un caporal, brigadier ou quartier-maître :

Pour les caporaux, brigadiers et quartiers-maîtres.

Officiers de troupe décédés en activité de service.

372. Pour les chefs de corps décédés dans l'exercice du commandement, les corps marchent en entier avec le drapeau ou l'étendard.

Pour les lieutenants-colonels, la moitié du corps commandé par un chef de bataillon ou d'escadron.

Pour les chefs de bataillon, d'escadron ou majors, un bataillon ou deux escadrons commandés par un chef de bataillon ou d'escadron.

Pour les capitaines, leur compagnie escadron ou batterie.

Pour les lieutenants ou sous-lieutenants, leur section ou peleton.

Officiers, fonctionnaires et employés décédés hors du service.

373. Les honneurs définis par les articles 360, 361 et suivants appartiennement aux officiers, fonctionnaires ou employés qui décèdent dans l'exercice de leurs fonctions.

Ils n'ont droit qu'à la moitié de ces mêmes honneurs, et il n'est pas tiré de canon ni fait de salve de mousqueterie, s'ils decèdent hors du service.

Service des troupes commandées pour rendre les honneurs funèbres. — Marche du cortége.

374. Les troupes commandées pour rendre les honneurs funèbres se rendent à la maison mortuaire. Elles conduisent le corps à l'église où un détachement d'hon-

neur fait le service. Pour aller de la maison mortuaire à l'église et de l'église au cimetière, les troupes marchent en colonne, partie en avant, partie en arrière du char funèbre. Ces deux colonnes sont reliées par des détachements marchant en file à droite et à gauche du char et des voitures de deuil.

Les troupes ont l'arme sous le bras ; les aigles des drapeaux ou étendards sont voilés d'un crêpe. Les tambours sont couverts de serge noire. Les clairons et trompettes ont des sourdines et des crêpes.

Sur le char funèbre sont déposés les insignes, armes et décorations du décédé. S'il était officier général en activité ou officier supérieur chef de corps en activité, son cheval de bataille, dont le harnachement est couvert d'un voile noir, est conduit derrière le char.

Les coins du poêle sont portés par quatre personnes de garde ou de rang égal à celui du décédé, et, à défaut, par quatre personnes du grade ou du rang inférieur.

Arrivée à l'église. — Salves d'artillerie.

375. Au moment où le corps arrive à l'église et au moment où il en sort, il est tiré autant de coups de canon que le présent décret en accorde, pour l'entrée d'honneur, à la dignité, au garde ou à la fonction dont la personne décédée était revêtue. Les tambours, clairons et trompettes battent ou sonnent aux champs, battent ou sonnent le rappel, ou enfin sont prêts à battre ou à sonner, d'après la même disposition réglée sur la dignité, le garde où la fonction dont la personne décédée était revêtue.

Les troupes entrées dans l'église se conforment, pendant le service funèbre, aux dispositions de l'article 326.

Arrivée au cimetière. — Salves de mousqueterie.

376. A l'arrivée au cimetière, la portion des troupes désignée pour rendre les derniers honneurs est formée en bataille près du lieu de la sépulture. Elle exécute un feu d'ensemble à commandement, au moment où le corps est mis à terre. Elle défile ensuite devant la tombe (1).

Les troupes sont reconduites en bon ordre à leurs quartiers.

Munitions fournies par l'État.

377. Les munitions pour les salves d'artillerie ou de mousqueterie sont fournies par les magasins de l'État.

Deuil du drapeau ou de l'étendard.

378. Les crêpes ne restent aux drapeaux et étendards que pour l'Empereur et les chefs de corps :

Pour l'Empereur, un an ;

Pour les chefs de corps, jusqu'à leur remplacement.

Décès d'un chef de corps.

379. Tous les officiers portent le deuil de leur chef de corps pendant un mois.

(1) Les salves de mousqueterie, à titre d'honneurs funèbres, sont exclusivement attribuées aux ministres de la guerre et de la marine, aux maréchaux et amiraux, aux officiers généraux, officiers supérieurs et autres des armées de terre et de mer.

Port du deuil militaire et de famille.

380. Le deuil militaire se porte par un crêpe à l'épée ; le deuil de famille, par un crêpe au bras gauche.

Députations.

381. L'autorité militaire ou maritime locale reste juge des circonstances dans lesquelles des députations des divers corps doivent assister aux cérémonies funèbres. Elle en règle la composition.

Les honneurs funèbres ne sont rendus qu'une seule fois.

282. Lorsque le corps de la personne décédée doit être transporté d'un lieu dans un autre, les honneurs funèbres ne sont rendus qu'une seule fois.

Déplacement des troupes pour les honneurs funèbres.

383. Les troupes, à moins d'ordres supérieurs, ne sont pas déplacées pour rendre des honneurs funèbres.

La cavalerie fait le service à pied pour les honneurs funèbres.

384. Lorsque l'infanterie est remplacée exceptionnellement, en tout ou en partie, pour rendre les honneurs funèbres, par les troupes à cheval, celles-ci font le service à pied, excepté dans le cas où toute la garnison prend les armes.

Service des honneurs funèbres dans les places qui sont ports de la marine impériale.

335. Dans les places qui sont ports de la marine impériale, les détachements commandés pour rendre les honneurs funèbres à un officier ou fonctionnaire de la guerre ou de la marine sont, autant que possible, composés de troupes des deux départements, en nombre égal. Ils sont commandés par un officier du département auquel appartenait la personne décédée. Cet officier doit avoir la supériorité ou l'ancienneté du grade sur le commandant particulier de chaque détachement. Des officiers de l'armée de terre et de l'armée de mer font partie, quand il y a lieu, du cortége funèbre où les troupes du département auquel appartenait la personne décédée prennent la droite.

En cas d'insuffisance numérique des troupes de l'un des deux départements, l'autre y pourvoit.

Honneurs funèbres maritimes.

767. 1. Lorsqu'un amiral ou un vice-amiral pourvu d'une commission de commandement d'amiral vient à décéder en rade ou à la mer, il est tiré par le bâtiment qu'il montait un coup de canon d'heure en heure, depuis l'instant du décès jusqu'à celui des obsèques.

2. En rade et à la mer, le jour de la cérémonie funèbre, depuis 8 heures du matin jusqu'au coucher du soleil, le pavillon de poupe, le pavillon de beaupré et le pavillon de commandement sont hissés à mi-mât. Les pavillons de poupe et de beaupré et les flammes de tous les bâtiments sont hissés à mi-mât pendant le même temps.

3. En rade, également pendant le même temps, les bâtiments de l'armée ont les mâts de hune et de perroquet guindés et les vergues en pantenne.

4. A la mer, toutes les voiles du bâtiment sont carguées pendant la durée de la cérémonie funèbre.

5. Dans l'une et l'autre circonstance, les compagnies
de débarquement de tous les bâtiments de l'armée prennent les armes; et lorsque le moment de la sortie du
corps ou de son immersion est signalé, il est fait trois
salves de dix-sept coups de canon pour un amiral, et de
quinze pour un vice-amiral pourvu d'une commission
de commandement d'amiral, par le bâtiment que montait
cet officier : ces coups de canon sont tirés en salut.
Il est fait également trois décharges de mousqueterie par
les compagnies de débarquement de tous les bâtiments
de l'armée. Le reste de l'équipage du bâtiment est rangé
sur le pont du bord opposé à celui où a lieu la sortie
ou l'immersion du corps ; à bord des autres bâtiments
de l'armée, le reste des équipages est également rangé
sur le pont.

768. Lors du décès d'un vice-amiral ou d'un contre-
amiral commandant en chef, les dispositions prescrites
par l'article précédent sont observées, sauf les exceptions ci-après :

Lors de la sortie ou de l'immersion du corps, il est
tiré un salut de dix-neuf coups de canon pour le vice-
amiral et de quinze pour le contre-amiral.

A la mer, pendant la durée de la cérémonie, tous les
bâtiments tiennent leurs basses voiles carguées.

769. 1. Si l'officier général décédé commandait en
sous-ordre une escadre ou une division, il est tiré par
le bâtiment qu'il montait quinze coups de canon pour
un vice-amiral et treize coups pour un contre-amiral.

2. En rade, le jour de la cérémonie funèbre, depuis huit heures du matin jusqu'au coucher du soleil, les bâtiments de cette escadre ou de cette division ont leurs mâts de hune et de perroquet guindés et les vergues en pantenne. Les pavillons de poupe et de beaupré et les flammes de ces bâtiments, ainsi que la marque distinctive du bâtiment qu'il montait, sont hissés à mi-mât.

3. A la mer, les basses voiles de ces bâtiments sont tenues carguées pendant la durée de la cérémonie.

4. Les compagnies de débarquement prennent les armes et font trois décharges de mousqueterie. Le reste des équipages est rangé sur le pont.

5. Si l'officier général employé en sous-ordre ne commandait ni escadre ni division dans l'armée, les honneurs funèbres désignés ci-dessus ne lui sont rendus que par le bâtiment qu'il montait. Toutefois, tous les bâtiments de l'armée ont leurs pavillons de poupe et de beaupré et leurs flammes à mi-mât, pendant le jour où a lieu la cérémonie funèbre ; à la mer, ces bâtiments tiennent, en outre, leurs basses voiles carguées pendant la durée de la cérémonie.

770. 1. Les honneurs funèbres déterminés pour les contre-amiraux employés en sous-ordre sont rendus aux chefs de division ; mais il n'est tiré que onze coups de canon.

2. Les mêmes honneurs sont rendus à tout capitaine de vaisseau commandant supérieur ; mais il n'est tiré que neuf coups de canon.

771. 1. Lors du décès d'un officier commandant un bâtiment de l'État, il lui est rendu les honneurs suivants :

2. En rade, le jour des obsèques, depuis huit heures du matin jusqu'au coucher du soleil, le bâtiment a les mâts de hune et de perroquet guindés, les vergues en pantenne, les pavillons de poupe et de beaupré et la flamme hissés à mi-mât.

3. A la mer, pendant le même temps, le pavillon de poupe et la flamme du bâtiment sont hissés à mi-mât, et pendant la cérémonie funèbre tous les bâtiments de l'État qui se trouvent réunis ont leur grande voile carguée.

4. Les compagnies de débarquement du bâtiment prennent les armes et font trois décharges de mousqueterie au moment de la sortie ou de l'immersion du corps. Le reste de l'équipage est rangé sur le pont.

5. De plus, il est tiré au moment :

Pour un capitaine de vaisseau, 7 coups de canon ;

Pour un capitaine de frégate, 5 *idem* ;

Pour un lieutenant de vaisseau, 3 *idem* ;

Pour un enseigne de vaisseau, 2 *idem*.

772. Lors du décès d'un chef d'état-major, il est rendu à cet officier les honneurs funèbres attribués aux officiers de son grade commandant un bâtiment.

773. 1. En rade et à la mer, les honneurs suivants sont rendus lors du décès d'un officier non commandant :

Pour un capitaine de vaisseau, les compagnies de débarquement prennent les armes, et il est tiré cinq coups de canon.

Pour un capitaine de frégate, la moitié des compagnies de débarquement prend les armes, et il est tiré trois coups de canon.

Pour un lieutenant de vaisseau, une partie des compagnies de débarquement prend les armes, sans que le nombre total puisse excéder cent hommes, et il est tiré deux coups de canon.

Pour un enseigne de vaisseau, une partie des compagnies de débarquement prend les armes, sans que le nombre total puisse excéder soixante hommes, et il est tiré un coup de canon.

2. Les honneurs déterminés pour un enseigne de vaisseau sont rendus à tous les officiers, matelots ou autres personnes qui ont appartenu à l'ordre impérial de la Légion d'honneur.

3. Les saluts indiqués au présent article ont lieu au moment de la sortie ou de l'immersion du corps, et il est fait en même temps trois décharges de mousqueterie par les hommes qui ont pris les armes.

4. Les pavillons de poupe et de beaupré et la flamme sont hissés à mi-mât pendant la durée de la cérémonie funèbre.

5. Pendant cette cérémonie et lors de la sortie ou de l'immersion du corps, le reste de l'équipage est rangé sur le pont.

774. 1. Lors du décès des personnes ci-après, il est commandé pour prendre les armes et faire trois décharges de mousqueterie, savoir :

Pour un aspirant de 1re classe, trente hommes;

Pour un premier maître, un aspirant de 2e classe, un maître et un aspirant auxiliaire, vingt hommes.

2. Ces détachements sont commandes par un officier.

3. Le pavillon de poupe et la flamme sont hissés à mi-mât pendant la durée des décharges.

4. Pendant la cérémonie funèbre et lors de la sortie ou de l'immersion du corps, l'équipage est rangé sur le pont.

775. 1. Lors du décès d'un second maître, d'un quartier-maître ou d'un matelot, il est commandé un détachement sans armes, qui n'excède pas pour un second maître vingt hommes, pour un quartier-maître quinze hommes, et pour un matelot ou tout autre marin non gradé, dix hommes.

2. Dans le premier cas, ce détachement est commandé par un officier de la compagnie à laquelle appartenait le défunt ou par un officier de corvée; dans le second et le troisième, par un aspirant.

3. Pendant la cérémonie funèbre et lors de la sortie ou de l'immersion du corps, l'équipage est rangé sur le pont.

4. Le pavillon de poupe est hissé à mi-mât pendant cette cérémonie.

5. Lors de l'immersion du corps d'un homme de l'équipage, l'officier commandant de la compagnie à laquelle appartenait cet homme préside à cette cérémonie.

6. Lorsque la personne décédée n'était incorporée dans aucune compagnie, c'est un officier de corvée qui préside aux obsèques.

776. 1. Les honneurs funèbres déterminés dans le présent chapitre pour les officiers de vaisseau non commandants sont rendus aux personnes appartenant aux différents corps de la marine, suivant le rang que leur donne l'assimilation de leur grade avec celui des officiers de vaisseau.

2. Les honneurs funèbres attribués aux capitaines de frégate sont rendus aux commissaires-adjoints, aux professeurs du service de santé et aux chefs de bataillon; toutefois, il n'est fait que deux décharges de mousqueterie par les hommes qui ont pris les armes.

3. L'aumônier reçoit les honneurs funèbres attribués au capitaine de frégate non commandant.

4. Lorsqu'une personne appartenant à un service public, non désignée au présent titre, vient à décéder à bord, les honneurs funèbres qui doivent lui être rendus sont réglés suivant l'assimilation de son grade à celui des officiers de vaisseau ou autres personnes désignées au présent titre.

APPENDICE.

DÉCRET IMPÉRIAL

DU

24 messidor an XII

RELATIF AUX

CÉRÉMONIES PUBLIQUES, PRÉSÉANCES,

HONNEURS CIVILS ET MILITAIRES (1).

Au Palais de Saint-Cloud, le 24 messidor an XII.

NAPOLÉON, par la Grâce de Dieu et par la Constitution de l'Empire, Empereur des Français, le Conseil d'État entendu,

Décrète :

TITRE PREMIER

Des rangs et séances des diverses autorités dans les cérémonies publiques.

SECTION Ire. — Dispositions générales.

Art. 1er. Ceux qui, d'après les ordres de l'Empereur, devront assister aux cérémonies publiques, y prendront rang et séance dans l'ordre qui suit :

(1) Nous ne reproduisons ici que les dispositions du décret relatives aux honneurs civils, la partie des honneurs militaires ayant été abrogée par le décret du 13 août 1863.

Les Princes français.

Les Grands Dignitaires.

Les Cardinaux.

Les Ministres.

Les Grands Officiers de l'Empire.

Les Sénateurs dans leur sénatorie.

Les Conseillers d'Etat en mission.

Les Grands Officiers de la Légion d'honneur, lorsqu'ils n'auront point de fonctions publiques qui leur assignent un rang supérieur.

Les Généraux de Division commandant une division territoriale, dans l'arrondissement de leur commandement.

Les Premiers Présidents des Cours d'appel.

Les Archevêques.

Les Préfets.

Les Présidents des Cours d'assises.

Les Généraux de brigade commandant un département.

Les Évêques.

Les Commissaires généraux de Police.

Les Sous-Préfets.

Les Présidents des Tribunaux de première instance.

Le Président du Tribunal de commerce.

Les Maires.

Les Commandants d'armes.

Les Présidents des Consistoires.

Les Préfets conseillers d'Etat prendront leur rang de conseiller d'Etat.

Lorsqu'en temps de guerre, ou pour toute autre raison,

Sa Majesté jugera à propos de nommer des gouverneurs de places fortes, le rang qu'ils doivent avoir sera réglé.

2. Le Sénat, le Conseil d'Etat, le Corps législatif, le Tribunat, la Cour de cassation, n'auront rang et séance que dans les cérémonies publiques auxquelles ils auront été invités par lettres closes de Sa Majesté.

Il en sera de même des corps administratifs et judiciaires, dans les villes où l'Empereur sera présent.

Dans les autres villes, les corps prendront les rangs réglés ci-après.

3. Dans aucun cas, les rangs et honneurs accordés à un corps n'appartiendront individuellement aux membres qui le composent.

4. Lorsqu'un corps ou un des fonctionnaires dénommés dans l'art. 1er, invitera, dans le local destiné à l'exercice de ses fonctions, d'autres corps ou fonctionnaires publics pour y assister à une cérémonie, le corps ou le fonctionnaire qui aura fait l'invitation, y conservera sa place ordinaire, et les fonctionnaires invités garderont entre eux les rangs assignés par l'art. 1er du présent titre.

SECTION II. — Des invitations aux cérémonies publiques.

5. Les ordres de l'Empereur pour la célébration des cérémonies publiques seront adressés aux Archevêques et Évêques pour les cérémonies religieuses, et aux Préfets pour les cérémonies civiles.

6. Lorsqu'il y aura, dans le lieu de la résidence du fonctionnaire auquel les ordres de l'Empereur seront adressés, une ou plusieurs personnes désignées avant

lui dans l'art. 1er, celui qui aura reçu lesdits ordres se rendra chez le fonctionnaire auquel la préséance est due, pour convenir du jour et de l'heure de la cérémonie.

Dans le cas contraire, ce fonctionnaire convoquera chez lui, par écrit, ceux des fonctionnaires placés après lui dans l'ordre des préséances, dont le concours sera nécessaire pour l'exécution des ordres de l'Empereur.

SECTION III. — De l'ordre suivant lequel les autorités marcheront dans les cérémonies publiques.

7. Les autorités appelées aux cérémonies publiques se réuniront chez la personne qui doit y occuper le premier rang.

8. Les princes, les grands dignitaires de l'Empire et les autres personnes désignées en l'art. 1er de la section 1re du présent titre, marcheront dans les cérémonies suivant l'ordre des préséances indiqué audit article, de sorte que la personne à laquelle la préséance sera due, ait toujours à sa droite celle qui doit occuper le second rang, à sa gauche celle qui doit occuper le troisième, et ainsi de suite.

Ces trois personnes forment la première ligne du cortége.

Les trois personnes suivantes, la deuxième ligne.

Les corps marcheront dans l'ordre suivant :

Les Membres des Cours d'appel.

Les Officiers de l'état-major de la division, non compris deux aides de camp du général, qui le suivront immédiatement.

Les Membres des Cours d'assises.

Les Conseils de préfecture, non compris le secrétaire général qui accompagnera le préfet.

Les membres des Tribunaux de première instance.

Le Corps municipal.

Les Officiers de l'état-major de la place.

Les Membres du Tribunal de commerce.

Les Juges de paix.

Les Commissaires de police.

SECTION IV. — De la manière dont les diverses autorités seront placées dans les cérémonies.

9. Il y aura au centre du local destiné aux cérémonies civiles et religieuses un nombre de fauteuils égal à celui des princes dignitaires, ou membres des autorités nationales présents, qui auront droit d'y assister. Aux cérémonies religieuses, lorsqu'il y aura un prince ou un grand dignitaire, on placera devant lui un prie-Dieu avec un tapis et un carreau; en l'absence de tout prince, dignitaire ou membres des autorités nationales, le centre sera réservé, et personne ne pourra s'y placer.

Les Généraux de division commandant les divisions territoriales.

Les premiers Présidents des Cours d'appel et les archevêques seront placés à droite.

Les Préfets,

Les Présidents des Cours criminelles,

Les Généraux de brigade commandant les départements,

Les Évêques seront placés à gauche.

Le reste du cortége sera placé en arrière.

Les Préfets conseillers d'Etat prendront leur rang de conseiller d'Etat.

Ces fonctionnaires garderont entre eux les rangs qui leur sont respectivement attribués.

10. Lorsque, dans les cérémonies religieuses, il y aura impossibilité absolue de placer dans le chœur de l'église la totalité des membres des corps invités, lesdits membres seront placés dans la nef et dans un ordre analogue à celui des chefs.

11. Néanmoins, il sera réservé de concert avec les évê- ou les curés et les autorités civiles et militaires, le plus de stalles qu'il sera possible ; elles seront destinées de préférence aux présidents et procureurs impériaux des Cours ou tribunaux, aux principaux officiers de l'état-major de la division et de la place, à l'officier supérieur de gendarmerie et aux doyen et membres des conseils de préfecture.

12. La cérémonie ne commencera que lorsque l'autorité qui occupera la première place aura pris séance.

Cette autorité se retirera la première.

13. Il sera fourni aux autorités réunies pour les cérémonies, des escortes de troupes de ligne, ou de gendarmerie, selon qu'il sera réglé au titre des honneurs militaires.

TITRE III. — IIᵉ PARTIE.

SECTION II.

Sa Majesté Impériale.

21. Dans les voyages que Sa Majesté fera, et qui

auront été annoncés par les ministres, sa réception aura lieu de la manière suivante.

22. Le préfet viendra, accompagné d'un détachement de gendarmerie et de la garde nationale du canton, la recevoir sur la limite du département.

Chaque sous-préfet viendra pareillement la recevoir sur la limite de son arrondissement.

Les maires des communes l'attendront, chacun sur la limite de leurs municipalités respectives. Ils seront accompagnés de leurs adjoints, du conseil municipal, et d'un détachement de la garde nationale.

· 23. A l'entrée de l'Empereur dans chaque commune, toutes les cloches sonneront; si l'église se trouve sur son passage, le curé ou desservant se tiendra sur la porte, en habits sacerdotaux, avec son clergé.

24. Dans les villes où Sa Majesté s'arrêtera ou séjournera, les autorités et les fonctionnaires civils et judiciaires seront avertis de l'heure à laquelle l'Empereur leur accordera audience, et présentés à Sa Majesté par l'officier du palais à qui ces fonctions sont attribuées.

25. Ils seront admis devant elle dans l'ordre des préséances établi article 1er de la première partie.

26. Tous fonctionnaires ou membres de corporation non compris dans l'article précité, ne seront point admis, s'ils ne sont mandés par ordre de Sa Majesté Impériale, ou sans sa permission spéciale.

27. Lorsque Sa Majesté Impériale aura séjourné dans une ville, les mêmes autorités qui l'auront reçue à l'entrée se trouveront à sa sortie, pour lui rendre leurs hommages, si elle sort de jour.

28. Les honneurs, soit civils, soit militaires, à rendre à l'Impératrice, sont les mêmes que ceux qui seront rendus à l'Empereur, à l'exception de la présentation des clefs, et de tout ce qui est relatif au commandement et au mot d'ordre.

TITRE IV.

Prince Impérial.

1er. Les honneurs à rendre au Prince Impérial, lorsqu'il n'accompagnera pas Sa Majesté l'Empereur, seront déterminés par un décret particulier; il en sera de même de ceux à lui rendre quand l'Empereur sera présent (1).

Le Régent.

2. Le régent recevra les mêmes honneurs que les princes français.

TITRE V.

SECTION II.

Princes français.

13. Lorsque les princes voyageront dans les départements, et qu'il aura été donné avis officiel de leur voyage

---

(1) L'Empereur a décidé que le Prince Impérial, son fils, recevrait les mêmes honneurs militaires que ceux qui lui sont personnellement rendus, ainsi qu'à l'Impératrice, c'est-à-dire que lorsque Son Altesse Impériale passera devant un corps de troupe, posté ou piquet, la troupe présentera les armes, les tambours battront aux champs, les trompettes et clairons sonneront la marche. (Circulaire ministérielle du 22 avril 1856.)

par les ministres, il leur sera rendu les honneurs ci-
après.

14. Les maires et adjoints les recevront à environ
deux cent cinquante pas en avant de l'entrée de leur
commune, et si les princes doivent s'y arrêter ou y
séjourner, les maires les conduiront au logement qui
leur aura été destiné. Dans les villes, un détachement
de la garde nationale ira à leur rencontre à deux cent
cinquante pas en avant du lieu où le maire les attendra.

15. Dans les chefs-lieux de département ou d'arrondissement, les préfets ou sous-préfets se rendront à la
porte de la ville pour les recevoir.

16. Ils seront complimentés par les fonctionnaires et
autorités mentionnés au titre premier, article premier.

Les cours d'appel s'y rendront seulement par députation, composée du premier président, du procureur
général impérial et de la moitié des juges. Les autres
cours et tribunaux s'y rendront en corps.

17. Lorsqu'ils sortiront d'une ville dans laquelle ils
auront séjourné, les maires et adjoints se trouveront à
la porte par laquelle ils devront sortir, accompagnés
d'un détachement de la garde nationale.

TITRE VI.

Les Grands dignitaires de l'Empire.

Les grands dignitaires de l'Empire recevront, dans
les mêmes circonstances, les mêmes honneurs civils et
militaires que les princes.

TITRE VII. — SECTION II.

Des Ministres.

3. Les ministres recevront, dans les villes de leur passage, les mêmes honneurs que les grands dignitaires de l'Empire, sauf les exceptions suivantes :

Les maires, pour les recevoir, les attendront à la porte de la ville.

Le détachement de la garde nationale ira au-devant d'eux à l'entrée du faubourg, ou, s'il n'y en a point, à cent cinquante pas en avant de la porte.

4. Les cours d'appel les visiteront par une députation composée d'un président, du procureur général, ou substitut, du quart des juges.

Les autres cours et tribunaux s'y rendront par députation, composée de la moitié de la cour ou du tribunal.

Pour le grand juge, ministre de la justice, les députations des tribunaux seront semblables à celles déterminées pour les princes et grands dignitaires.

Des maires et adjoints iront, au moment de leur départ, prendre congé d'eux dans leur logis.

TITRE VIII. — SECTION III.

Les grands officiers de l'Empire.

6. Les grands officiers de l'Empire recevront les honneurs suivants :

Les maires et adjoints se trouveront à leur logis avant leur arrivée.

Ils trouveront, à l'entrée de la ville, un détachement de la garde nationale sous les armes.

Les Cours d'appel, les autres cours et tribunaux, se rendront chez eux de la même manière que chez les ministres.

Les maires et adjoints iront prendre congé d'eux dans leur logis, au moment de leur départ.

7. Les maréchaux d'empire recevront, dans l'étendue de leur commandement, les mêmes honneurs civils que les ministres.

TITRE IX. — SECTION II.

Les Sénateurs.

15. Les sénateurs allant prendre possession de leur sénatorerie recevront, dans les villes du ressort du tribunal d'appel dans l'étendue duquel elle sera placée et où ils s'arrêteront, les honneurs suivants :

Un détachement de la garde nationale sera sous les armes à la porte de la ville.

Les maires et adjoints se trouveront à leur logis avant leur arrivée.

Ils seront visités, immédiatement après leur arrivée, par toutes les autorités nommées après eux dans le titre des préséances.

Les Cours d'appel s'y rendront par une députation composée d'un président, du procureur général et de quatre juges; les autres cours et tribunaux, par une députation composée de la moitié de la Cour ou tribunal.

S'ils séjournent vingt-quatre heures dans la ville, ils

rendront, en la personne des chefs des autorités ou corps dénommés dans le titre premier, les visites qu'il auront reçues.

Les maires et adjoints iront prendre congé d'eux au moment de leur départ.

16. S'il se trouve dans la ville où le sénateur s'arrêtera une personne ou une autorité nommée avant lui dans l'ordre des préséances, il ira lui faire une visite dès qu'il aura reçu celles qui lui sont dues.

17. Les sénateurs venant dans leur sénatorerie faire leur résidence annuelle, ne recevront d'honneurs civils que dans le chef-lieu de leur sénatorerie. Ils trouveront un détachement de la garde nationale à leur porte, les maires et adjoints dans leur logis. Les personnes ou autorités nommées après eux dans l'ordre des préséances les visiteront dans les vingt-quatre heures, et ils rendront ces visites dans les vingt-quatre heures suivantes.

TITRE X. — SECTION II.

Les conseillers d'État.

4. Il sera rendu aux conseillers d'Etat en mission les mêmes honneurs civils qu'aux sénateurs lors de leur première entrée. Ils rendront les visites qu'ils auront reçues des autorités constituées, en la personne de leurs chefs, s'ils séjournent vingt-quatre heures dans la ville; ils feront, dans le même cas, des visites aux personnes désignées avant eux dans le titre des préséances (1).

(1) Voir appendice nº 3 *bis.*

TITRE XIII. — SECTION Ire.

Les ambassadeurs français et étrangers.

1er. Il ne sera, sous aucun prétexte, rendu aucune espèce d'honneur militaire à un ambassadeur français ou étranger, sans l'ordre formel du ministre de la guerre.

2. Le ministre des relations extérieures se concertera avec le ministre de la guerre pour les honneurs à rendre aux ambassadeurs français ou étrangers. Le ministre de la guerre donnera les ordres pour leur réception.

SECTION II. — Honneurs civils.

3. Il en sera des honneurs civils, pour les ambassadeurs français ou étrangers, ainsi qu'il est dit ci-dessus pour les honneurs militaires.

TITRE XIV. — SECTION II.

Les généraux de division.

25. Les généraux de division commandant une division territoriale recevront la visite du président du tribunal d'appel, et de toutes les autres personnes ou chefs des autorités nommés après eux dans l'article des préséances. Ils rendront les visites dans les vingt-quatre heures.

Ils visiteront, dès le jour de leur arrivée, les personnes dénommées avant eux dans l'ordre des préséances. Ces visites leur seront rendues dans les vingt-quatre heures par les fonctionnaires employés dans les départements.

TITRE XV. — SECTION II.

Les généraux de brigade.

7. Les généraux de brigade commandant un département recevront, dans les vingt-quatre heures de leur arrivée, la visite des personnes nommées après eux dans l'ordre des préséances, et les rendront dans les vingt-quatre heures suivantes.

Ils visiteront, dans les vingt-quatre heures de leur arrivée, les personnes nommées avant eux dans l'ordre des préséances ; les visites leur seront rendues, dans les vingt-quatre heures suivantes, par les fonctionnaires employés dans les départements.

TITRE XVII. — SECTION II.

Les Préfets.

15. Le préfet arrivant pour la première fois dans le chef-lieu de son département, sera reçu à la porte de la ville par le maire et ses adjoints, accompagnés d'un détachement de gendarmerie, commandé par le capitaine. Cette escorte le conduira à son hôtel, où il sera attendu par le conseil de préfecture et le secrétaire général, qui le complimenteront.

16. Il sera visité, aussitôt après son arrivée, par les

autorités nommées après lui dans l'ordre des préséances. Il rendra ces visites dans les vingt-quatre heures. Il recevra aussi les autres fonctionnaires inférieurs qui viendront le complimenter.

17. Il fera, dans les vingt-quatre heures, une visite au général commandant la division militaire, et au premier · président de la Cour d'appel, qui la lui rendront dans les vingt-quatre heures suivantes. Il visitera aussi, s'il en existe, les autres autorités ou personnes placées avant lui dans l'ordre des préséances.

18. Lors de sa première tournée dans chaque arrondissement du département, il lui sera rendu les mêmes honneurs dans les chefs-lieux d'arrondissement. Il rendra les visites aux présidents des tribunaux, aux maires et aux commandants d'armes, dans les vingt-quatre heures.

Les Sous-Préfets.

19. Les sous-préfets, arrivant dans le chef-lieu de leur sous-préfecture, seront attendus dans leur demeure par le maire, qui les complimentera. Ils recevront la visite des chefs des autorités dénommées après eux, et la rendront dans les vingt-quatre heures.

S'il existe, dans le chef-lieu de la sous-préfecture, des autorités dénommées avant eux, ils leur feront une visite dans les vingt-quatre heures de leur arrivée ; ces visites leur seront rendues dans les vingt-quatre heures suivantes.

TITRE XVIII. — SECTION II.

Les Commandants d'armes (1).

9. Les commandants d'armes à leur arrivée dans la ville où ils commandent, feront la première visite aux autorités supérieures, et recevront celle des autorités inférieures.

Toutes ces visites seront faites dans les vingt-quatre heures et rendues dans les vingt-quatre heures suivantes.

TITRE XIX. — SECTION II.

Les Archevêques et Évêques.

9. .Il ne sera rendu des honneurs civils ni **aux cardi**naux qui seront en France, ni archevêques, ni évêques, qu'en vertu d'un ordre spécial, lequel déterminera pour chacun d'eux les honneurs qui devront lui être rendus.

10. Les archevêques ou évêques qui seront cardinaux, recevront, lors de leur installation, les honneurs rendus aux grands officiers de l'Empire ; ceux qui ne le seront point, recevront ceux rendus aux sénateurs.

Lorsqu'ils reutreront après une absence d'un an et un jour, ils seront visités chacun par les autorités inférieures, auxquelles ils rendront la visite dans les vingtquatre heures suivantes; eux-mêmes visiteront les autorités supérieures dans les vingt-quatre heures de

(1) Aujourd'hui les commandants de place.

leur arrivée, et leur visite leur sera rendue dans les vingt-quatre heures suivantes.

TITRE XX. — SECTION II.

Les Cours de justice.

9. Lorsque le premier président de la Cour de cassation sera installé, toutes les Cours et tous les tribunaux de la ville où résidera ladite Cour de cassation, iront le complimenter. La Cour d'appel, par une députation composée du premier président, du procureur général et de quatre juges : les autres Cours et tribunaux, par une députation composée de la moitié de chaque Cour ou tribunal.

Il recevra aussi les félicitations du préfet conseiller d'État, et de tous les fonctionnaires dénommés après le préfet.

Il rendra les visites dans les vingt-quatre heures, et il fera, dans le même laps de temps, des visites à toutes les personnes dénommées avant ce préfet conseiller d'État.

10. Les premiers présidents des autres Cours et tribunaux recevront, lors de leur installation, les visites des autorités nommées après eux, et résidantes dans la même ville : ces visites seront faites dans les vingt-quatre heures de leur installation, et rendues dans les vingt-quatre heures suivantes. Lesdits présidents iront, dans les premières vingt-quatre heures de leur installation, visiter les autorités supérieures en la personne de leurs chefs : ceux-ci les leur rendront dans les vingt-quatre heures suivantes.

TITRE XXV.

Dispositions générales.

14. Défend Sa Majesté Impériale à tout fonctionnaire ou autorité publique, d'exiger qu'on lui rende d'autres honneurs que ceux qui viennent d'être attribués à sa dignité, corps ou grade, et à tout fonctionnaire civil et militaire, de rendre à qui que ce soit au delà de ce qui est prescrit ci-dessus.

16. Lorsqu'une des personnes désignées dans l'art. 1er du titre 1er mourra, toutes les personnes qui occuperont, dans l'ordre des préséances, un rang inférieur à celui du mort, assisteront à son convoi, et occuperont entre elles l'ordre prescrit par le susdit article.

Si des personnes qui occupent un rang supérieur dans l'ordre des préséances, veulent assister au convoi d'un fonctionnaire décédé, et qu'elles soient revêtues de leur costume, elles marcheront dans le rang qui leur est fixé par ledit article.

Les corps assisteront en totalité au convoi des princes, des grands dignitaires, des ministres, des grands officiers de l'Empire, des sénateurs dans leur sénatorerie, et des conseillers d'État en mission (1); pour les autres, ils y assisteront par députation.

(1) Voir le décret du 26 mars 1811 qui applique ces dispositions aux cardinaux.

Dispositions applicables aux archevêques et évêques. (Circulaire du ministre de la justice et des cultes du 15 mars 1842.)

Convocations pour les cérémonies publiques.

Le conseil d'État, qui, d'après le renvoi ordonné, a entendu le rapport des sections réunies de législation et de l'Intérieur sur celui du grand juge ministre de la Justice, concernant la question de savoir si la convocation pour les cérémonies publiques doit être faite par le fonctionnaire auquel les ordres du gouvernement ont été adressés et qui est chargé d'ordonner les mesures d'exécution, ou si ladite convocation doit être faite par le fonctionnaire auquel la préséance est due, aux termes de l'article 1er du décret du 24 messidor an XII ; — vu également le rapport du ministre de l'Intérieur, du 12 de ce mois ; — considérant que l'exécution des ordres du gouvernement ne peut être confiée qu'aux agents qui les reçoivent ; — que le droit de préséance n'emporte point le droit de convocation ; — qu'il peut appartenir à un fonctionnaire résidant passagèrement dans le lieu de la cérémonie, et n'ayant ni la connaissance des individus à convoquer, ni les moyens d'effectuer la convocation ; — que l'usage généralement suivi confirme cette doctrine ; — est d'avis que la convocation pour les cérémonies doit être faite, dans les départements, par les préfets ou sous-préfets ou les maires, quand les ordres sont adressés à l'autorité civile, en remplissant les formes prescrites par l'article 6 du décret du 24 messidor an XII, en se concertant avec le fonctionnaire le plus éminent en dignité, et non par le fonctionnaire qui doit jouir du droit de préséance dans la cérémonie ordonnée. Avis du conseil d'Etat du 13 janvier 1814.

II

Ordre impérial de la Légion d'honneur.

(Décret organique de la Légion d'honneur ; 16 mars 1852).
Forme de la décoration et manière de la porter.

La décoration de la Légion d'honneur est, comme sous l'Empire, une étoile à cinq rayons doubles surmontée d'une couronne.

Le centre de l'étoile, entouré de branches de chêne et de lauriers, présente, d'un côté, l'effigie de Napoléon avec cet exergue : *Napoléon, Empereur des Français*, et, de l'autre côté, l'aigle avec la devise *Honneur et Patrie*. L'étoile, émaillée de blanc, est en argent pour les chevaliers et en or pour les officiers, commandeurs, grands-officiers et grands-croix. Le diamètre est de quarante millimètres pour les chevaliers et officiers, et de soixante pour les commandeurs.

Les chevaliers portent la décoration attachée par un ruban moiré rouge, sans rosette, sur le côté gauche de la poitrine.

Les officiers la portent à la même place et avec le même ruban, mais avec une rosette.

Les commandeurs portent la décoration en sautoir, attachée par un ruban moiré rouge plus large que celui des officiers et chevaliers.

Les grands-officiers portent sur le côté droit de la

poitine une plaque ou étoile à cinq rayon doubles diamantée tout argent, du diamètre de quatre-vingt-dix millimètres ; le centre représente l'aigle avec l'exergue : *Honneur et Patrie* ; ils portent, en outre, la croix d'officier. Les grands-croix portent un large ruban, moiré rouge, en écharpe, passant sur l'épaule droite, et au bas duquel est attaché une croix semblable à celle des commandeurs, mais ayant soixante-dix millimètres de diamètre. De plus, ils portent sur le côté gauche de la poitrine une plaque semblable à celle des grands-officiers.

Mode de réception des membres de l'Ordre et du serment.

Les grands-croix et les grands-officiers prêtent serment entre les mains du chef de l'État, et reçoivent de lui leur décoration.

En cas d'empêchement, le grand chancelier, ou un grand fonctionnaire du même rang dans l'ordre, sera délégué pour recevoir le serment et procéder aux réceptions.

Dans l'un et l'autre cas, le grand chancelier prendra les ordres du chef de l'État.

Le grand chancelier désigne, pour procéder aux réceptions des chevaliers, officiers et commandeurs, un membre de l'ordre d'un grade au moins égal à celui du récipiendaire.

Les militaires de tout grade et de toutes armes de terre et de mer, les membres des administrations qui en dépendent, seront reçus à la parade.

Le récipiendaire prête le serment ci-après : « Je jure « fidélité à l'Empereur, à l'honneur et à la patrie ; je fonctionnaire qui doit jouir du droit de préséance dans la cérémonie ordonnée. Avis du conseil d'Etat du 13 janvier 1814.

II

Ordre impérial de la Légion d'honneur.

(Décret organique de la Légion d'honneur; 16 mars 1852).
Forme de la décoration et manière de la porter.

La décoration de la Légion d'honneur est, comme sous l'Empire, une étoile à cinq rayons doubles surmontée d'une couronne.

Le centre de l'étoile, entouré de branches de chêne et de lauriers, présente, d'un côté, l'effigie de Napoléon avec cet exergue : *Napoléon, Empereur des Français*, et, de l'autre côté, l'aigle avec la devise *Honneur et Patrie*. L'étoile, émaillée de blanc, est en argent pour les chevaliers et en or pour les officiers, commandeurs, grands-officiers et grands-croix. Le diamètre est de quarante millimètres pour les chevaliers et officiers, et de soixante pour les commandeurs.

Les chevaliers portent la décoration attachée par un ruban moiré rouge, sans rosette, sur le côté gauche de la poitrine.

Les officiers la portent à la même place et avec le même ruban, mais avec une rosette.

Les commandeurs portent la décoration en sautoir, attachée par un ruban moiré rouge plus large que celui des officiers et chevaliers.

Les grands-officiers portent sur le côté droit de la

Sous l'Empire un décret impérial du 24 messidor an XII, relatif aux cérémonies publiques, préséances et honneurs civils et militaires, a déterminé la situation de ces grands fonctionnaires.

Dans les dispositions générales formant l'article 1er du titre 1er de ce décret, les conseillers d'État en mission occupent le septième rang et ont la préséance sur les généraux commandant une division territoriale dans l'arrondissement de leur commandement, sur les premiers présidents de cour d'appel, sur les archevêques, prendront leur rang de conseillers d'État, etc. Ce même article porte : Les préfets, conseillers d'Etat. Le rapprochement de ces deux dispositions dans un même article indique déjà que le conseiller d'Etat remplissant les fonctions de préfet doit être considéré comme étant en mission. Cette assimilation est ensuite explicitement confirmée par l'article 1er du titre XVII du même décret ainsi conçu :

« Lorsqu'un préfet, conseiller d'Etat, entrera pour la « première fois dans le chef-lieu de son département, « il y sera reçu par les troupes de ligne, d'après les or- « dres qu'en donnera le ministre de la guerre, comme « un conseiller d'Etat en mission. »

Reçu en cette qualité lors de la prise de possession de son département, le préfet conservait, pendant la durée de ses fonctions, les préséances et honneurs attachés au conseiller d'Etat.

Pendant la Restauration, la position du conseil d'Etat a changé complétement de caractère et a été amoindrie; les titres de conseiller d'Etat et de maître de Requêtes en service extraordinaire ont été prodigués. Une ordon-

IV

Cours impériales, présidents de chambres, avocats généraux.

Une question de rang s'étant élevée entre les Présidents de Chambre d'une Cour royale et le Procureur Général, le Ministre de la Justice consulté répondit : « La préséance appartient sans contredit au procureur général; elle est établie sur l'article 11, section IV, titre Ier du règlement de messidor, et par le réglement du 1er novembre 1820 sur les entrées dans le palais du Roi. A défaut de dispositions expresses dans le réglement de messidor, il suffit de réfléchir sur l'importance et l'étendue des fonctions de l'un et de l'autre de ces magistrats pour demeurer convaincu que la préséance appartient au Procureur Général, et, par le même principe, un simple conseiller ne peut la contester à un avocat général. » (Décret du 25 novembre 1828. Deux décisions du même Ministre, des 10 août 1829 et 9 février 1830, ont confirmé la première.)

V

Les inspecteurs généraux d'armes et les préfets.

Des difficultés se sont élevées dans quelques départements entre les Inspecteurs Généraux d'armes et les Préfets au sujet de l'interprétation du décret du 24 messidor an XII sur les honneurs et préséances. Les Lieutenants Généraux prétendaient que les Préfets leur devaient la première visite, aux termes des articles 23 et 25 du titre XIV ; ceux-ci pensaient que ces dispositions n'étaient pas obligatoires à l'égard des Inspecteurs Généraux d'armes ; et les uns et les autres n'ayant pu s'entendre, il en est résulté que les Inspecteurs Généraux ont quitté les chefs-lieux de département sans voir les Préfets. Le bien du service en a souffert.

Il semble, en effet, que les honneurs civils dont il est fait mention dans la II° section du titre XIV du décret, ne sont dus qu'aux deux premières classes de Lieutenants Généraux désignées dans la première section, savoir : aux Commandants d'armée et de corps d'armée (art. 24) et aux Commandants des divisions territoriales (art. 25) ; que les Inspecteurs Généraux employés ne peuvent prétendre qu'aux honneurs militaires, et que l'article 9 de l'ordonnance royale du 3 juillet 1822, qui leur attribue les mêmes honneurs qu'aux Commandants des divisions territoriales, ne doit s'entendre que des honneurs militaires seulement.

Mais il existe des rapports naturels entre les Préfets et ces Officiers Généraux ; et ces rapports sont même obligatoires à l'égard des Inspecteurs Généraux de la gendarmerie, attendu que ce corps, par la nature de son service, dépend de l'autorité civile autant que de l'autorité militaire. Il devenait donc nécessaire de déterminer les formes qui doivent régir ces rapports. Je me suis entendu à ce sujet avec le Ministre de la Guerre. Une proposition concertée entre nous, pour régler les rapports dont il s'agit, a été soumise au Roi. Sa Majesté a décidé, le 21 juin dernier, que chaque Inspecteur Général, à son arrivée au chef-lieu d'un département compris dans son arrondissement d'inspection, en donnera avis au Préfet, qui devra faire la première visite au Lieutenant-Général Inspecteur, et recevoir celle du maréchal-de-camp remplissant les mêmes fonctions.

Je vous invite à vous conformer à ces dispositions. Le Ministre de la Guerre, de son côté, a donné des instructions dans ce sens aux Officiers Généraux chargés des prochaines inspections.

Il résulte de la décision du 21 juin que les Lieutenants Généraux inspecteurs d'armes ne sont assimilés aux Commandants des divisions territoriales qu'en ce qui concerne les honneurs militaires, et que l'article 25 du titre XIV du décret du 24 messidor an XII ne leur est point applicable. (Circulaire du ministre de l'Intérieur, 1er juin 1836.)

VI

État-major de la subdivision.

Le décret de messidor ne parle pas, il est vrai, des Officiers d'Etat-Major de département ou de subdivision ; mais comme il assigne un rang au Général commandant le département, et que ce rang précède de beaucoup celui qu'occupe le Président du Tribunal de première instance, il faut en conclure que l'état-major dont ce général est le chef doit également précéder le tribunal de première instance. L'avis du Conseil d'Etat du 5 brumaire an XIII reconnaît d'ailleurs trois classes d'état-major : l'état-major de division, l'état-major de subdivision ou de département, et l'état-major de place. Les officiers de toutes armes se classent selon leurs grades dans chacun de ces états-majors. Ils ne prennent pas indistinctement la préséance sur telle ou telle autorité, mais ils tiennent seulement la préséance du corps dont ils **font partie**. (Circulaire du ministre de la Justice, 16 octobre 1841).

VII

Lieu de réunion.

Monsieur le Préfet, depuis plusieurs années, des difficultés s'étaient élevées dans quelques localités entre les autorités militaires et administratives, concernant l'exécution de l'article 7 du titre Ier du décret du 24 messidor an XII (13 juillet 1804) qui porte que, dans les cérémonies publiques, les autorités se réuniront chez la personne qui doit y occuper le premier rang. Certaines autorités militaires, se fondant sur l'exception consentie en 1816 à l'égard des Cours et Tribunaux, qui ont été autorisés à se rendre séparément au lieu de la cérémonie, exception qui, d'ailleurs, ne s'est pas étendue à tous les points du royaume, ont cru pouvoir, comme les magistrats, se rendre directement au lieu de la cérémonie sans se réunir au cortége du Préfet, quand ce fonctionnaire a la préséance. Toutefois, l'ancienne règle a continué d'être suivie dans un grand nombre de départements. Il était fort désirable qu'elle fût remise en vigueur dans tous, c'est-à-dire que les différents Corps se réunissent chez le fonctionnaire qui a la préséance. J'ai, en conséquence, adressé des observations à M. le Ministre de la Guerre, et nous sommes convenus qu'on en reviendrait à l'exacte observation du décret de l'an XII, en ce qui concerne les fonctionnaires des départements de la Guerre et de l'Intérieur , l'exception devant être limitée aux seuls fonctionnaires de l'ordre judiciaire.

M. le Ministre de la Guerre a déjà donné des instructions dans ce sens à MM. les Lieutenants Généraux commandants de divisions militaires, dans une circulaire qu'il leur a adressée le 26 juillet dernier.

Aucune difficulté ne pourra donc plus s'élever, à l'avenir, dans les localités où l'autorité militaire a le second rang ; et, dans celles où elle a droit au premier, elle trouvera, je n'en doute pas, chez les autorités administratives, une juste réciprocité. Veuillez donner des instructions dans ce sens à MM. les Sous-Préfets. (Circulaire nº 37, 24 août 1847.)

VIII

Cortége.

Monsieur le Préfet, le Conseil d'Etat a émis, le 4 août dernier, deux avis sur des questions relatives à l'exécution du décret du 24 messidor an XII.

Ces avis portent, en substance, que les Autorités appelées aux cérémonies publiques (à l'exception des autorités judiciaires pour lesquelles l'usage consacre d'autres dispositions) se réunissent chez la personne qui doit y occuper le premier rang ; elles forment cortége pour se rendre à la cérémonie.

Lorsque la cérémonie est terminée, les Autorités ayant rang individuel se retirent suivant leur ordre de préséance ; les Corps se retirent également dans l'ordre prescrit par l'article 8 du titre Iᵉʳ du décret.

Vous veillerez, monsieur le Préfet, à ce que ces dispositions qui, jusqu'à présent, n'avaient pas été partout suivies, reçoivent désormais leur exécution dans les cérémonies publiques. (Circulaire du ministre de l'Intérieur, 11 novembre 1858).

IX

Consuls étrangers.

Monsieur le Préfet, M. le Ministre des Affaires étrangères m'a exprimé le vœu que les Consuls étrangers pussent être appelés à prendre place dans les cérémonies publiques.

Sans réclamer pour eux un rang et des prérogatives que les règlements sur les préséances ne leur attribuent pas, M. le comte Waleski estime cependant qu'il importe que ces agents reçoivent, dans les localités, où ils sont accrédités, les marques de considération dont nous aimons nous-mêmes à voir entourer nos Consuls à l'étranger.

Dans certaines circonstances solennelles, le Gouvernement invite le Corps diplomatique à prendre part aux cérémonies publiques ; la même exception peut être faite en faveur du Corps consulaire, qui, sous plusieurs rapports, représente le Corps diplomatique.

Je ne puis, Monsieur le Préfet, que m'associer à ce vœu et vous inviter à prendre les dispositions nécessaires pour qu'il y soit satisfait.

Vous pourrez, lorsque le Corps consulaire vous en fera la demande, lui assigner dans le cortége une place exceptionnelle que vous déterminerez d'après une juste appréciation des convenances locales.

Si les membres du Corps consulaire désirent assister individuellement à la cérémonie, vous aurez soin qu'il leur soit réservé, selon l'usage, des places distinguées.

Vous vous concerterez au surplus, pour ces dispositions, avec l'Autorité qui doit avoir la préséance dans la cérémonie, conformément à l'article 6 du décret du 24 messidor an XII. (Circulaire du ministre de l'intérieur, 17 février 1859).

— Le décret du 24 messidor an XII n'a assigné aucun rang de préséance à ces fonctionnaires étrangers ; ce ne serait donc qu'à titre de tolérance et par courtoisie qu'on pourrait les faire figurer dans les cérémonies publiques.

Monsieur le Ministre de l'Intérieur, sur la demande de son collègue, a, le 17 février 1859, adressé aux Préfets une circulaire dans laquelle il leur recommande d'assigner au Corps consulaire, lorsqu'il en fera la demande, une place exceptionnelle qui sera déterminée d'après les convenances locales et de concert avec l'Autorité qui doit avoir le premier rang de préséance dans la cérémonie.

Je vous donne avis de cette disposition, en vous invitant à y prêter votre concours lorsqu'il y aura lieu.

La place qui conviendrait le mieux au Corps consulaire serait celle qui existe entre les Autorités ayant un rang individuel et les Corps marchant collectivement par ordre de préséance. Cette place intermédiaire et en dehors de la hiérarchie ne pourrait blesser aucune susceptibilité légitime, et je pense qu'elle sera généralement adoptée.

Je dois vous faire observer qu'il y a une différence
à établir entre les membres du Corps consulaire en
France : les uns sont de véritables officiers publics voués
à l'exercice exclusif de leurs fonctions et salariés par le
Gouvernement qu'ils représentent ; les autres sont, pour
la plupart, des négociants, armateurs ou banquiers, qui
s'occupent surtout de leur commerce et ne reçoivent
aucun traitement. C'est surtout aux premiers qu'il s'agi-
rait de faire honneur, afin que nos agents à l'étranger
puissent profiter de la réciprocité.

« Je crois devoir ajouter aux instructions qui précèdent que, toutes les fois qu'un agent du ministère des
affaires étrangères se trouvera dans la ville où sera célébrée la cérémonie, il marchera à la tête des agents
consulaires étrangers. » (Circulaire du Ministre de la
Guerre, du 19 août 1859.)

X

Places des membres des grands Corps de l'État.

Monsieur le Préfet, Sa Majesté l'Impératrice régente
a décidé en Conseil que des places d'honneur devraient
être réservées dans toutes les cérémonies publiques à
MM. les Sénateurs, les Députés et les Conseillers d'État
qui se présenteraient revêtus de leurs costumes.

Cette décision ne modifie en rien l'ordre de rang et de
préséance établi par le décret du 24 messidor an XII.

Ainsi, il ne s'agit point d'assigner aux membres de
ces trois grands Corps de l'État des places individuelles
dans un cortége en marche, par exemple. Vous veillerez

seulement à ce que des places distinguées leur soient réservées dans toutes les cérémonies civiles ou religieuses, ayant les caractères d'une cérémonie publique.

Vous aurez à prendre dans ce but des dispositions analogues à celles qu'a prévues l'article 11 du titre 1er du décret du 24 messidor.

Le fonctionnaire à qui appartient le droit de convocation aura donc soin d'adresser des invitations spéciales à ceux de MM. les Sénateurs, Députés et Conseillers d'État dont il connaîtra la présence dans la localité où devra se célébrer la cérémonie.

Veuillez, Monsieur le Préfet, donner immédiatement aux Sous-Préfets et aux Maires de votre département les instructions nécessaires pour assurer l'exécution des ordres de Sa Majesté. (Circulaire du Ministre de l'Intérieur, 6 juillet 1859.)

XI

Places vacantes.

Monsieur le Préfet, le Conseil d'État a été saisi de la question de savoir si, lorsqu'une Autorité ayant un rang dans les cérémonies publiques se trouve absente, sa place doit rester vacante ou être attribuée à la personne qui vient immédiatement après dans l'ordre déterminé par le décret du 24 messidor an XII.

Cette question avait donné lieu à des divergences d'interprétation entre plusieurs Départements ministériels; elle vient d'être résolue par un avis en date du 11 août 1859.

Cet avis est conçu dans les termes suivants :

« Le Conseil d'État,

« Vu le décret du 24 messidor an XII;

«· Considérant qu'aucune disposition du décret du « 24 messidor an XII ne prescrit de laisser vacant dans « les cérémonies publiques le siége d'un fonctionnaire « absent qui a droit à la préséance ;

« Considérant que si l'article 9 de ce décret, en accor- « dant aux Princes dignitaires ou membres des Autorités « nationales une place spéciale, déclare qu'en leur ab- « sence cette place sera réservée, aucune disposition. « semblable n'existe à l'égard des fonctionnaires ayant « dans les cérémonies un rang individuel;

« Qu'ainsi, lorsque l'absence d'un de ces fonctionnaires « est certaine, sa place doit être occupée par celui qui « vient immédiatement après dans l'ordre hiérarchique,

« Est d'avis :

« Que la question soumise au Conseil d'État par Son « Excellence M. le Ministre de l'Intérieur doit être réso- « lue dans le sens des considérations qui précèdent. »

Vous voudrez bien, Monsieur le Préfét, prendre note de cet avis : les dispositions qu'il consacre devront être suivies à l'avenir. (Circulaire du Ministre de l'Intérieur, 23 novembre 1859.)

XII

Places réservées dans les églises.

Un Préfet a consulté le Ministre de l'Intérieur au su- jet de difficultés qui se sont élevées entre l'administration municipale de M... et la fabrique de l'église Saint-P... de cette ville, sur le point de savoir si le maire et les adjoints, en dehors des solennités officielles, ont droit à une place réservée lorsqu'ils assistent aux cérémonies du culte.

Réponse : L'article 47 de la loi 18 germinal an X dispose, il est vrai, en termes généraux, qu'il doit y avoir dans les cathédrales et paroisses une place distinguée pour les individus catholiques qui remplissent les fonctions civiles et militaires. Mais d'après les explications fournies par M. le Ministre de l'Instruction publique et des Cultes, à qui la question a été soumise comme rentrant plus particulièrement dans ces attributions, le législateur n'a entendu accorder aux Autorités une place distinguée dans les églises que pour les cérémonies à la fois religieuses et civiles auxquelles elles sont officiellement invitées, conformément au décret du 24 messidor an XII sur les préséances. D'où il suit qu'en dehors de ces solennités, le maire et les adjoints ne seraient pas fondés à réclamer une place distinguée, si ce n'est que dans le cas prévu par l'article 21 du décret du 30 décembre 1809, c'est-à-dire en qualité de membre de droit ou par élection du conseil de fabrique.

XIII

Ordre dans lequel les Corps constitués sont reçus par l'Empereur, aux Tuileries, le 1er Janvier.

L'Empereur, après avoir reçu sa famille et les hommages de sa Maison civile et militaire, commence les réceptions officielles dans la salle du Trône, entouré de sa Maison et de ses Ministres.

Ces réceptions ont lieu dans l'ordre suivant :

Les Cardinaux ;

Les Ministres ;

Les Maréchaux ;

Les Amiraux ;

Le Grand Chancelier de la Légion d'honneur ;

Le Gouverneur des Invalides ;

Les Grands-Croix de la Légion d'honneur, qui, après la présentation, se placent près des Ministres ;

Le Corps diplomatique ;

Le Sénat ;

Le Corps législatif ;

Le Conseil d'État ;

Une députation des Grands-Officiers de l'Ordre impérial de la Légion d'honneur et le Conseil de l'Ordre ;

La Cour de Cassation ;

La Cour des Comptes ;

Le Conseil impérial de l'Instruction publique ;

L'Institut de France ;

La Cour impériale de Paris ;

L'Archevêque de Paris et son Clergé ;

Le Chapitre impérial de Saint-Denis ;

Le Conseil central des Églises réformées ;

Le Consistoire de l'Église réformée de Paris ;

Le Président du Consistoire supérieur et du Directoire de l'Église de la Confession d'Augsbourg ;

Le Consistoire de Paris de la Confession d'Augsbourg ;

Le Consistoire central des Israélites ;

Le Préfet du département de la Seine et son Secrétaire Général ;

Le Préfet de Police et son Secrétaire Général ;

Le Conseil de Préfecture du département de la Seine ;

Le Conseil municipal et la Commission départementale ;

Les Maires et Adjoints de la ville de Paris ;

Le Sous-Préfet de l'arrondissement de Sceaux ;

Le Sous-Préfet de l'arrondissement de Saint-Denis ;

Les Corps municipaux de la Banlieue ;

Le Recteur et le Corps académique de Paris ;

Le Tribunal de Première Instance du département de la Seine ;

Le Tribunal de Commerce de Paris ;

La Chambre de Commerce de Paris ;

Les Juges de Paix de Paris ;

Les Commissaires de Police de Paris ;

Le Conseil des Prud'hommes ;

Les Membres des Corps impériaux des Ponts-et-Chaussées et des Mines ;

Les Fonctionnaires et Professeurs des Écoles impériales des Ponts-et-Chaussées, des Mines, d'Application, du Génie maritime, et des Écoles impériale polytechnique et spéciale militaire ;

Les Administrateurs et Professeurs du Collège impérial de France ;

Les Présidents et Professeurs de l'École impériale et spéciale des Langues orientales vivantes ;

Les Professeurs et Administrateurs du Muséum d'Histoire naturelle ;

L'Académie impériale de Médecine ;

Le Directeur et les Membres du Conseil de perfectionne-
ment du Conservatoire impérial des Arts et Métiers;

Les Professeurs de l'École impériale spéciale des Beaux-
Arts;

Le Conseil des Avocats à la Cour de Cassation et au Conseil d'État;

La Chambre des Notaires de la ville de Paris;

La Chambre des Avoués près la Cour impériale;

La Chambre des Avoués près le Tribunal de première
instance;

La Chambre syndicale des Agents de change;

La Chambre des Commissaires-Priseurs;

La Chambre syndicale des Courtiers de commerce;

Les Directeurs généraux;

Les Secrétaires généraux des Ministères;

Les Inspecteurs généraux et Directeurs des Administrations centrales : ministères, préfecture du département de la Seine, préfecture de police, administration
de la Légion d'honneur;

Le Préfet, les Sous-Préfets et le Conseil de préfecture
du département de Seine-et-Oise;

Le Corps municipal de la ville de Versailles.

Les divers Corps de la Garde nationale et de l'Armée
sont introduits pour passer devant Sa Majesté dans
l'ordre suivant :

Le Général commandant supérieur de la Garde nationale
du département de la Seine, et son État-Major;

Les Officiers des bataillons de la Garde nationale de Paris
et de la banlieue;

L'État-Major du Ministre de la Guerre, les Chefs de service et de bureau et les Officiers supérieurs et autres attachés à l'administration centrale de la Guerre ;

L'État-Major du Ministre de la Marine et des Colonies et le Conseil d'Amirauté ;

Les Chefs de service et de bureau, et les Officiers généraux, supérieurs et autres, attachés à l'administration centrale de la Marine ;

L'État-Major des Invalides ;

Les Officiers généraux, supérieurs et autres, qui ne font pas partie de la garnison de Paris, savoir : Comités d'armes, Comité d'administration, Conseil de santé, Commission d'hygiène hippique, Écoles d'État-Major, Polytechnique et Spéciale militaire, École impériale de médecine et de pharmacie militaires ;

Les Officiers généraux du cadre de réserve ;

Le Général commandant en chef de la Garde impériale et son État-Major ;

L'Intendant militaire et les Fonctionnaires et Employés sous ses ordres,

Les divisions d'Infanterie et de Cavalerie,

Le Général commandant l'Artillerie et le régiments d'Artillerie,

La Division du Génie,

L'Escadron du train des Équipages,

} de la Garde impériale ;

Le Maréchal de France commandant en chef l'armée de Paris, et la 1re Division militaire et son État-Major ;

L'Etat-Major de l'Artillerie ;

L'Etat-Major du Génie ;

L'Intendance militaire et les Officiers d'administration ;

L'Ecole normale de Tir ;

L'Ecole normale de Gymnastique;

Le Général commandant la subdivision de la Seine et la place de Paris et son Etat-Major;

L'Etat-Major de la place de Saint-Denis et des forts de Paris;

Le Dépôt de recrutement du département de la Seine;

La Gendarmerie départementale ;

La Garde de Paris;

Les Sapeurs-Pompiers de la ville de Paris;

Les Troupes d'Artillerie non embrigadées;

Les Troupes de l'Administration;

Le Général commandant la 1ʳᵉ Division de l'armée de Paris et son Etat-Major ;

Les Brigades de la 1ʳᵉ Division de l'armée de Paris;

Le Général commandant la 2ᵉ Division d'Infanterie de l'armée de Paris, et son Etat-Major;

Les Brigades de la 2ᵉ Division de l'armée de Paris;

Le Général commandant la 3ᵉ Division d'Infanterie de l'armée de Paris, et son Etat-Major;

Les Brigades de la 3ᵉ Division de l'armée de Paris;

Le Général commandant la 4ᵉ Division d'Infanterie de l'armée de Paris, et son Etat-Major;

Les Brigades de la 4ᵉ Division de l'armée de Paris;

Le Général commandant la Division de Cavalerie de l'armée de Paris, et son Etat-Major ;

Les Brigades de cette division;

Le Général commandant la subdivision de Seine-et-Oise et les officiers sous ses ordres;

Les anciens Officiers de l'Empire;

Les Officiers généraux, supérieurs et autres de la

Marine présents à Paris et qui n'y sont pas employés ;
Les anciens Officiers de marine de l'Empire.

(Extrait du *Moniteur universel.*)

XIII *bis.*

Hiérarchie universitaire.

A côté du Ministre Président siége le Conseil Impérial
de l'Instruction publique ainsi composé : trois membres
du Sénat, trois membres du Conseil d'État, cinq Archevêques et Évêques, trois membres des cultes non catholiques, trois membres de la Cour de Cassation, cinq membres de l'Institut, huit Inspecteurs généraux, deux membres de l'Enseignement libre.

A coté du Recteur siége le Conseil académique qui
se compose : 1° du Recteur, Président ; 2° des Inspecteurs
de la circonscription ; 3° des doyens des Facultés ; 4° de
sept membres choisis tous les trois ans, par le Ministre
de l'Instruction publique, un parmi les Archevêques ou
Évêques de la circonscription, deux parmi les membres
du Clergé catholique ou parmi les ministres des Cultes
catholiques reconnus, deux dans la Magistrature, deux
parmi les Fonctionnaires publics ou autres personnes notables de la circonscription.

A côté du Préfet, Président, siége le Conseil départe-
mental de l'Instruction publique qui se compose : 1° du
Préfet ; 2° de l'Inspecteur d'Académie ; 3° d'un Inspecteur
des Écoles primaires désigné par le Ministre ; 4° de
l'Évêque ou de son délégué ; 5° d'un ecclésiastique désigné
par l'Évêque ; 6° d'un ministre de l'une des deux Eglises

protestantes, désigné par le Ministre de l'Instruction publique dans les départements où il existe une Église légalement établie ; 7° d'un délégué du Consistoire israélite dans chacun des départements où il existe un Consistoire légalement établi ; 8° du procureur général près la Cour impériale dans les Cours où siége une Cour impériale, et dans les autres, du Procureur impérial près le Tribunal de 1re instance ; 9° d'un membre de la Cour impériale ou d'un membre du Tribunal de 1re instance désigné par le Ministre ; 10° de quatre membres du Conseil Général désignés par le Ministre.

Les établissements qui se trouvent dans le ressort de chaque Académie se divisent suivant les trois degrés d'instruction :

1° Pour l'instruction supérieure sont instituées les Facultés, qui sont classées dans l'ordre suivant : la Faculté de Théologie, la Faculté de Droit, celle de Médecine, celle des Sciences et celle des Lettres. Les professeurs de chaque Faculté se rangent par ordre d'ancienneté et sont précédés par le doyen. A l'instruction supérieure se rattachent : l'Ecole Normale, dont les maîtres de conférence ont le rang de professeurs de premier ordre des lycées ; les écoles de pharmacie ; les écoles secondaires de médecine, qui ont à leur tête des directeurs ;

2° Pour l'instruction secondaire : les Lycées impériaux divisés en trois classes, ayant chacun pour chef un proviseur. Les professeurs se rangent suivant leurs classes et l'ordre établi par le grade universitaire dont ils sont pourvus, ou par leur titre d'Officier de l'Université, d'Officier d'Académie ou de simple membre de l'Université, ou ou encore par leur titre de professeur titulaire, d'agrégé de professeur provisoire chargé de l'enseignement d'une classe. Viennent ensuite les maîtres élémentaires, les maîtres de langues vivantes et les maîtres d'études. Les collèges communaux ayant pour chef un principal, et dont l'organisation est presque la même que celle des Lycées.

3° L'instruction primaire comprend les Inspecteurs et Sous-Inspecteurs, les Écoles normales primaires supérieures et les Écoles primaires élémentaires.

Le journal officiel de l'Instruction publique (21 avril 1847) classait ainsi le personnel universitaire :

Le Grand-Maître de l'Université ;

Le Chancelier ;

Le Trésorier ;

Les Conseillers titulaires ;

Les Conseillers ordinaires ;

Les Inspecteurs généraux ;

Les Recteurs ;

Le Directeur de l'Ecole française d'Athènes ;

Les Inspecteurs supérieurs de l'Instruction primaire ;

Les Inspecteurs d'Académie ;

Les Doyens des Facultés ;

Les Professeurs des Facultés ;

Le Directeur des études de l'École Normale Supérieure ;

Les Directeurs des Ecoles supérieures de Pharmacie ;

Les Professeurs des Ecoles supérieures de Pharmacie ;

Les Directeurs des études de l'Ecole Normale Supérieure ;

Les Maîtres de conférences de l'École Normale Supérieure ;

Les Directeurs des Ecoles préparatoires de Médecine et de Pharmacie ;

Les Professeurs des Ecoles préparatoires de Médecine et de Pharmacie ;

Les Suppléants des Facultés de Droit ;

Les Agrégés des Facultés ;

Les Proviseurs des Lycées ;

Les Directeurs des Colléges particuliers de Paris ;

Les Censeurs des Lycées ;

Les Professeurs des Lycées ;

Les Aumôniers des Lycées ;

Les Préparateurs de l'Ecole Normale Supérieure ;

Les Maîtres Surveillants de l'École Normale Supérieure ;

Les Principaux des Colléges communaux ;

Les Secrétaires d'Académie ;

L'Econome de l'Ecole Normale Supérieure ;

Les Economes des Lycées ;

Les Secrétaires des Facultés ;

Les Agrégés des Colléges royaux ;

Les Inspecteurs des Ecoles primaires ;

Les Professeurs de langues vivantes de l'Ecole Normale Supérieure ;

Les Professeurs de langues vivantes des Lycées ;

Le Médecin de l'Ecole Normale Supérieure ;

Les Aumôniers des Colléges communaux ;

Les Régents des Colléges communaux ;

Les Maîtres de langues vivantes des Colléges communaux ;

Les Médecins des Lycées ;

Les Médecins des Colléges communaux ;

Les Chefs d'Institution ;

Les Maîtres de Pension ;

Les Surveillants généraux ou Sous-Directeurs des Lycées ;

Les Maîtres d'études des Lycées ;

Les Maîtres d'études des Colléges communaux ;

Les Directeurs des Ecoles Normales Primaires ;

Les Maîtres Adjoints des Ecoles Normales Primaires ;

Les Préparateurs des Facultés et des Sciences ;

Les Premiers Commis d'Académie ;

Le Commis d'Economat de l'Ecole Normale Supérieure ;

Les Premiers Commis des Lycées ;

Les Instituteurs des Ecoles Primaires.

Par une circulaire du 30 avril 1851, le Ministre de l'Instruction publique, a annoncé que, dans les cérémonies publiques le Corps académique marcherait après le conseil de préfecture et, par conséquent, avant les tribunaux de première instance, cette circulaire n'a pu modifier les décrets du 24 messidor an XII et du 15 novembre 1811 ; ils peuvent seuls régler le rang respectif dans les cérémonies publiques des Corps judiciaires et académiques.

XIV

Circulaire du Ministre de la guerre aux Maréchaux de France commandant les Corps d'armée :

« Monsieur le Maréchal,

« Aux termes de l'article 392 du décret du 13 octobre

« 1863, les visites de Corps sont faites et rendues en
« uniforme ou en costume officiel.

« Cette obligation a souvent créé à la magistrature
« d'assez grands embarras pour elle de l'impossibi-
« lité, d'une part, de rendre des visites en robe,
« et, d'autre part, de ce que très-peu de magistrats
« possèdent le costume officiel qui leur est attribué
« par le décret du 22 mai 1852, et qui n'est pas obli-
« gatoire.

« Cependant, il m'a paru indispensable d'arrêter, à
« cet égard, une règle qui fût de nature à prévenir toutes
« les difficultés, et à donner satisfaction aux justes sus-
« ceptibilités de l'armée, qui, elle, ne peut jamais être
« représentée que dans la tenue réglementaire, et voici
« ce qui, à ce sujet, a été décidé entre S. Exc. le garde
« des sceaux et moi :

« A l'avenir, les magistrats recevront en robe les visi-
« tes de Corps qui leur seront faites, et prouveront ainsi
« le prix qu'ils attachent aux marques de déférence qui
« s'adressent à leurs fonctions, mais ils rendront ces vi-
« sites en habit de ville. »

« Je prie Votre Excellence de vouloir bien notifier
« cette disposition aux Officiers généraux de votre com-
« mandement, qui la notifieront à qui de droit, de
« telle sorte qu'il ne puisse plus se produire de conflit à
« cet égard.

« Agréez, etc.

« *Le maréchal de France, ministre d'État de la*
guerre,

« Signé : RANDON. »

XV

Dans quelques département, les corps et fonctionnaires ayant droit d'assister aux cérémonies publiques, se sont réunis pour s'entendre sur le cérémonial à observer et éviter ainsi les difficultés qui pourraient surgir par suite de malentendus ou de fausses interprétations de la loi. On nous communique et nous reproduisons ci-après *sous toutes réserves* l'état qui a été ainsi dressé à Amiens, et l'ordre des présentations à l'Empereur lors de son passage, au Mans, en 1856.

AMIENS.

Chefs de Corps et fonctionnaires ayant droit à un rang individuel.

1. Le Premier Président.
2. Le Préfet.
3. Le général de brigade commandant le département.
4. Monseigneur l'Evêque.
5. Le président de 1re instance.
6. Le président du tribunal de Commerce.
7. Le Maire.

Art. 1er du décret du 24 messidor an XII.

II.

Corps constitués.

1. La Cour impériale.
2. Le conseil de Préfecture.
   (Le secrétaire général

Art. 8 du décret du 24 messidor an XII.

Id.

accompagne le préfet; en cas d'absence du préfet, il marche à la tête du conseil de préfecture.

Décret du 1er juin 1811.

3. L'Etat-Major de la subdivision.

Sont compris et classés dans cet état-major par grade et ancienneté de grade :

Les officiers supérieurs ou autres du corps d'état-major attachés à la subdivision.

Les sous-intendants militaires et adjoints à l'intendance.

Les officiers supérieurs et autres des états-majors particuliers de l'artillerie et du génie, attachés à la subdivision pour le service subdivisionnaire.

Dépêche du Ministre de la guerre au Ministre de la Justice du 14 juillet 1855.

Le commandant de la compagnie de la gendarmerie et le capitaine trésorier.

Les officiers de recrutement.

4. Le tribunal de 1re instance. — Art. 8. du décret du 24 messidor an XII.

5. Le corps municipal. — Id.

6. Le corps académique. — Décret du 15 novembre 1811, — art. 165.

7. L'état-major de la Place. — Art. 8. du décret du 24 messidor an XII.

Sont compris et classés dans cet état-major par grade et ancienneté de grade :

Les officiers de l'état-major de la Place.

Les commandants de lieutenances de gendarmerie.

Les officiers de la garde nationale.

Les officiers de Sapeurs-Pompiers.

Les officiers de troupe de la garnison qui ne sont pas sous les armes.

Les officiers supérieurs et autres, en disposibilité, en non activité et en retraire revêtus de leur uniforme.

Lettre du Ministre de la guerre au Ministre de la Justice — 14 juillet 1855.

8. Le tribunal de commerce.	Décret du 24 messidor an XII, art. 8.
9. La chambre de Commerce et le conseil des Prudhommes.	Décret du 3 septembre 1851, art. 16. — *Moniteur* du 1er janvier 1860.
10. Les juges de paix.	Décret du 24 messidor an XII, art. 8.
11. Les commissaires de police.	Id.
Les commandeurs, officiers et membres de la Légion-d'Honneur.	Décret du 11 avril 1809.

III.

Admistrations et agents relevant directement des différents ministère.

Les ingénieurs des Ponts-et-chaussées, des mines et des chemins de fer.	*Moniteur* du 25 janvier 1856, 25 juin 1856, 1er janvier 1860.
L'administration des télégraphes.	Dépêche du président de la Rép., 15 sept. 1852 décision ministérielle, 1855.
Le receveur général, le payeur.	Décret du 17 novembre 1852 ; instruction du ministre des Finances, 14 mai 1853.
Le directeur des contributions directes et les agents de son administration.	Id.
Le directeur des contributions indirectes et les agents de son administration.	Id.
Le directeur des domaines et les agents de son administration.	Id.
L'inspecteur des postes et les agents de son administration.	Id.
Le sous-inspecteur des forêts.	Id.

Les commissaires de surveillance administrative du chemin de fer.	Id.

IV.

Services et agents départementaux.

Le directeur des prisons départementales.	Nommé par le ministre.
L'inspecteur des monuments historiques.	Nommé par le ministre.
L'archiviste et le sous archiviste.	Nomination approuvée par le ministre.
Les vérificateurs des poids et mesures.	Nomination approuvée par le ministre.
Le conseil départemental d'hygiène.	Nommé par le préfet.
Les agents-voyers.	Id.
Les employés de la préfecture.	Id.
L'architecte.	Id.
L'inspecteur des enfants assisté et des établissement de bienfaisance.	Id.

V.

Administrations locales et institutions libres.

Les membres du bureau de bienfaisance, de la commission administrative des hospices et des prisons.

La Société des antiquaires de Picardie.

La Société d'Agriculture, Sciences, Arts et Belles-Lettres du département de la Somme.

Le Comice agricole de l'arrondissement d'Amiens.

Le bureau de la Société de Secours mutuels de la ville d'Amiens.

Les différents services de la ville d'Amiens.

Les médaillés de Saint-Hélène.

LE MANS.

VOYAGE DE LL. MM. IMPÉRIALES.

21 août 1858.

Ordre des présentations.

1. L'évêque et son clergé.
2. Les députés au Corps législatif.
3. Les membres du conseil général.
4. Les sous-préfets.
5. Le conseil de préfecture,
6. Les officiers d'état-major de la subdivision.
7. Les tribunaux civils et les magistrats des Parquets.
8. Les adjoints et le conseil municipal du Mans.
9. Les maires des trois chefs-lieux d'arrondissement
10. L'inspecteur d'Académie et le proviseur du lycée.
11. Les officiers de pompiers.
12. Les officiers d'état-major de la place.
13. Les officiers en retraite.
14. Les tribunaux de commerce.
15. La chambre de commerce.
16. Les juges de paix.

17. Les ingénieurs en chef et ordinaire des ponts-et-chaussées et des mines.

18. Les commissaires de surveillance administrative des chemins de fer.

19. Le receveur général et les receveurs particuliers.

20. Le payeur du département.

21. Les directeur, inspecteur, contrôleur principal des coutributions directes.

22. Les directeur, inspecteur et sous-inspecteur des contributions indirectes.

23. Les directeur, inspecteurs et vérification de l'enregistrement et des domaines.

24. L'inspecteur et le sous-inspecteur des forêts.

25. L'inspecteur et le directeur des postes.

26. L'inspecteur des lignes télégraphiques.

27. Les agents-voyers en chef et d'arrondissement.

28. L'architecte départemenfal, l'architect adjoint et l'architecte de l'arrondissement.

29. Les président, vice-président, trésorier et secrétaire de la société de secours mutuels.

30. Le directeur et le médecin de l'asile d'aliénée.s

31. Les directeurs du dépôt de mendicité et des pri-prisons.

32. Le chirurgien en chef de l'hôpital.

33. Les président, vice-président et secrétaire du Comité consultatif de la médecine.

34. Le bâtonnier et deux membres de l'ordre des avocats.

35. Le président, vice-président, trésorier et secrétaire de la chambre des notaires.

36. Les président, vice-président, trésorier et secrétaire de la chambre des avoués.

37. Les président, vice-président, trésorier et secrétaire de la société de l'Agriculture, Sciences, Arts.

38. Les président, vice-président, trésorier et secrétaire
   · de la société d'horticulture.

39. Les président, vice-président, trésorier et secrétaire du comice agricole.

FIN DU CEREMONIAL OFFICIEL.

TABLE

DES MATIÈRES

FIN DE LA TABLE.

CLICHY. Impr. Maurice Loignon et Cie, rue du Bac-d'Asnières, 12.

Lightning Source UK Ltd.
Milton Keynes UK
UKHW01f0613210818
327557UK00010B/452/P